# [MusiX]

**Das Kursbuch Musik 3 für Bayern**

## Arbeitsheft 3 | Klasse 9/10

für den Unterricht an allgemeinbildenden Schulen

von Markus Detterbeck, Florian Niedrig
und Gero Schmidt-Oberländer



**HELBLING**

**Innsbruck • Esslingen • Bern-Belp**

Arbeitsheft zum Schülerband
**MusiX. Das Kursbuch Musik 3 für Bayern**
ISBN 978-3-86227-456-7

Im Arbeitsheft wird auf Audio-CDs, eine Video-DVD, eine DVD-ROM und die HELBLING Media App verwiesen. Diese enthalten ausschließlich optionale Unterrichtsmaterialien; sie unterliegen nicht dem staatlichen Zulassungsverfahren. Dieses Arbeitsheft greift die Inhalte der Lernbereiche 1, 2, 3 und 4 des LehrplanPLUS in Bayern auf.

Die enthaltenen Links verweisen auf digitale Inhalte, die der Verlag bei verlagsseitigen Angeboten in eigener Verantwortung zur Verfügung stellt. Links auf Angebote Dritter wurden nach den gleichen Qualitätskriterien wie die verlagsseitigen Angebote ausgewählt und bei Erstellung des Lernmittels sorgfältig geprüft. Für spätere Änderungen der verknüpften Inhalte kann keine Verantwortung übernommen werden.

Redaktion: Dr. Daniela Galle
Illustrationen: Achim Schulte (Dortmund), Inkje Dagny von Wurmb (Stuttgart)
Notensatz: Susanne Höppner, Neukloster
Layout und Satz: Marcus Koopmann, Kerken
Umschlag: Marinas Werbegrafik, Innsbruck
Druck und Bindung: Athesia Druck, Bozen, Italien

**Quellenverzeichnis:**

**Bilder:** Umschlagmotive (v. l. n. r.): © Wilhelm von Kaulbach / Franz Liszt 1856; © Michael Praetorius / Syntagma Musicum Theatrum Instrumentorum 1620; © Sandra Then / Oper „Licht" von Karlheinz Stockhausen 2016; © Voloshyn Roman / Adobe Stock; S. 5 (l.): Ermell / CC BY-SA 4.0; S. 5 (r.): Martin Stolle / CC BY-SA 3.0; S. 41: © akg-images / NYPL / Schomburg Center / SCIENCE SOURCE; S. 66: HELBLING Archiv / M. Koopmann

**Noten:** S. 32: Tanz der Vampire © Songs of Polygram International Inc. / Music Lost Boys / Universal Music Publ. GmbH, Berlin / Edition Butterfly Roswitha Kunze, Hamburg; S. 45: Swingin' the Blues © Bregman-Vocco-Conn Inc. / Chappell & Co. GmbH & Co. KG, Hamburg; S. 45: Au Privave © Criterion-Music Corp. / Rondor Musikverlag GmbH, Berlin; S. 46: C'est si bon / It's so Good © Edition Marbot GmbH bei PEER Musikverlag GmbH, Hamburg; S. 50: La création du monde / Die Erschaffung der Welt © Edition Max Eschig, Paris / G. Ricordi Bühnen- und Musikverlag GmbH, München; S. 51: Versailles © M J Q Music Inc. / Essex Musikvertrieb GmbH, Hamburg; S. 64: Summertime (Porgy and Bess) © 1935 by Gershwin Music Publ. Corp / Chappell & Co. GmbH & Co. KG, Hamburg / Downtown Music Publishing bei Budde Music Publishing GmbH; S. 71: Ich war noch niemals in New York © BMG Rights Management GmbH

**Texte:** S. 12: A. Einstein: Mozart. Sein Charakter, sein Werk. 3. Auflage, Pan-Verlag, 1953

Nicht in allen Fällen war es uns möglich, den Rechteinhaber ausfindig zu machen. Berechtigte Ansprüche werden selbstverständlich im Rahmen der üblichen Vereinbarungen abgegolten.

ISBN 978-**3-86227-457**-4

1. Auflage A1[1] / 2022

Alle Drucke dieser Auflage können im Unterricht nebeneinander benutzt werden; sie sind untereinander unverändert.

# Inhaltsverzeichnis

## Kapitel 1: Klassik



## Kapitel 2: Musiktheater 1: Oper



## Kapitel 3: Romantik



## Kapitel 4: Musiktheater 2: Musical

## Kapitel 5: Barock



## Kapitel 6: Jazz



## Kapitel 7: Moderne bis 1950



## Kapitel 8: Tanz



## Anhang



**Symbole:**

- Tonbeispiele auf CD
- Videos auf DVD
- Multimedia-DVD-ROM
- Tonbeispiele in der App
- Videos in der App
- Erklärvideos in der App
- Internetrecherche

## Klassik – klassisch … ein Begriff mit vielen Facetten

(→ SB, S. 6/7)

### Aufgabe 1

(→ SB, S. 7, A 3)

Stelle die wichtigsten Merkmale der beiden Kirchenbauten „Basilika Vierzehnheiligen" und „St. Georg" einander gegenüber.

| **Barock**<br>Basilika Vierzehnheiligen in Bad Staffelstein | **Klassizismus (Klassik)**<br>St. Georg in Bensheim |
|---|---|
|  |  |

Grundwissen aufgefrischt

### Aufbau einer Melodie

Beschrifte mithilfe der Box „Grundwissen aufgefrischt" auf Seite 7 im Schulbuch die Bausteine der folgenden Melodie mit den richtigen Fachbegriffen.

**Sinfonie g-Moll, Nr. 40, KV 550 (Beginn des 4. Satzes)** A 34

Musik: W. A. Mozart

## Joseph Haydn: Die Schöpfung – ein Oratorium

(→ SB, S. 10–13)

### Aufgabe 2 A 11

(→ SB, S. 10, A 4)

Im folgenden Klavierauszug sind die harmonisch wichtigsten Töne zusammengefasst.

**a)** Trage mithilfe des Hörbeispiels in diese letzten Takte der Einleitung der „Schöpfung" ein,

... wo **Dissonanzen** erklingen.

... wo **Dreiklänge in Grundstellung** stehen.

... wo sich **Kadenzen** finden.

... wo die Grundtonart **c-Moll** zu finden ist.

Musik: J. Haydn

**b)** Beschreibe, inwiefern die Harmonik des Abschnitts zum Eindruck beiträgt, dass das Chaos schließlich der Ordnung weicht.

______________________________________________

______________________________________________

______________________________________________

## Grundwissen aktiv

### Oratorium

**Bestimme mithilfe der Info- und Wissensbox auf Seite 11 im Schulbuch, um welche Form des Oratoriums es sich bei den folgenden Ausschnitten handelt. Begründe deine Auswahl.**

Musik: J. Haydn

Form: ____________________

Begründung: ______________________________________________

______________________________________________

Musik: J. Haydn

Form: ____________________

Begründung: ______________________________________________

______________________________________________

## Aufgabe 3 A 14

(➔ SB, S. 11, A 7b)

Verfolge beim Hören das Notenbeispiel. Beschreibe, mit welchen Instrumenten und musikalischen Mitteln Haydn das „Schweben des Geistes Gottes auf der Fläche des Wassers" darstellt.

Musik: J. Haydn

❖ **Orchesterbegleitung:** ______________________________

______________________________

______________________________

❖ **Chor:** ______________________________

______________________________

______________________________

❖ **Wirkung:** ______________________________

______________________________

______________________________

## Aufgabe 4 A 16, 17

(➔ SB, S. 11, A 8)

**a)** Stelle mithilfe der Hörbeispiele musikalische Mittel heraus, die Haydn zur Vertonung der beiden Stellen nutzt. Markiere die Mittel, wenn möglich, im Notentext.

Musik: J. Haydn

❶ 

❷ 

**b)** Nenne Gründe, warum Haydn an dieser Stelle mit den Satztechniken Homofonie und Polyfonie arbeitet.

______________________________

______________________________

______________________________

**Grundwissen aktiv**

## Secco- und Accompagnato-Rezitativ

**Ergänze anhand der einleitenden Rezitative des Erzengels Raphael und mithilfe der Wissensbox im Schulbuch auf Seite 12 den Lückentext.** A 18, 19

Das erste Rezitativ („Und Gott sprach ...") ist ein ____________________ -Rezitativ, denn der ____________________ wird nur von der ____________________ , bestehend aus ____________________ und Cello, begleitet. Das zweite („Gleich öffnet sich der Erde Schoß ...") ist ein ____________________ -Rezitativ, denn der Sänger wird vom ____________________ begleitet. Dieses ____________________ oder verdeutlicht oft auch den Text des Rezitativs, hier z. B. das Öffnen der Erde.

### Aufgabe 5 A 20–23

(→ SB, S. 13, A 12)

Ordne in der Tabelle den Hörbeispielen die Notenausschnitte aus dem Schulbuch auf Seite 13 zu. Ergänze beim zweiten Hören das jeweils dargestellte Tier und notiere anschließend, welche Form der Kommentierung Haydn verwendet.

| HB | Noten | Tier | Form der Kommentierung |
|---|---|---|---|
| 1 | ◯ | | |
| 2 | ◯ | | |
| 3 | ◯ | | |
| 4 | ◯ | | |

## Eine musikalische Debatte – die Sonatensatzform

(→ SB, S. 14–17)

**Grundwissen aktiv**

## Die Sonatensatzform

**Ergänze den Lückentext mithilfe der Wissensbox auf Seite 14 im Schulbuch.**

In der Sonatensatzform werden, wie in einer ____________________ , meist zwei ____________________ musikalische ____________________ gegenübergestellt. Sie tauchen in unterschiedlicher Form in den ____________________ der ____________________ immer wieder auf.

**Trage die Formteile der Sonatensatzform in der Tabelle ein.**

<table>
<tr><td colspan="2">____________<br>(= Eröffnungsrunde)</td><td>____________<br>(= freie Aussprache)</td><td colspan="2">____________<br>(= Schlussrunde)</td><td>____________<br>(= Verabschiedung)</td></tr>
<tr><td>Thema I</td><td>Thema II :</td><td>thematische Arbeit, harmonische Freiheit</td><td>Thema I</td><td>Thema II</td><td></td></tr>
<tr><td colspan="2">Zwei gegensätzliche Themen werden in zwei verschiedenen Tonarten vorgestellt.</td><td>Die Themen treten in eine Auseinandersetzung, werden „verarbeitet", die Debatte wird „durchgeführt".</td><td colspan="2">Die beiden Themen erklingen erneut, jedoch in derselben Tonart und oft leicht verändert.</td><td>Oft erklingen markante Schluss-floskeln.</td></tr>
</table>

## Aufgabe 6

(→ SB, S. 14, A 1)

Verfolge die Debatte deiner Mitschülerinnen bzw. Mitschüler und trage die wichtigsten Argumente der einzelnen Debattanten in Stichpunkten in die Tabelle ein. Verwende deine Aufzeichnungen für die anschließende Analyse des Verlaufs der Debatte.

**Thema der Debatte:**

| Name | 1. Eröffnungsrunde | 2. freie Aussprache | 3. Schlussrunde |
|---|---|---|---|
| **Pro** ____________ | | | |
| **Kontra** ____________ | | | |
| **Pro** ____________ | | | |
| **Kontra** ____________ | | | |

## Aufgabe 7 (A 24, 25)

(→ SB, S. 15, A 3)

In der f-Moll-Sonate von Ludwig van Beethoven kann man eine musikalische Debatte verfolgen. Höre dir die beiden Themen an.

a) Trage die Unterschiede in die Tabelle ein und verdeutliche deine Ergebnisse durch Eintragungen im Notentext.

b) Markiere in beiden Themenköpfen jeweils die Stelle, wo simultan (also gleichzeitig) ein Dur- oder Moll-Dreiklang entsteht.

### Sonate f-Moll, op. 2, Nr. 1, 1. Satz

Musik: L. v. Beethoven

**Themenkopf I**

**Themenkopf II**

| | Thema I | Thema II |
|---|---|---|
| **Bewegung/ Melodieführung** | | |
| **Artikulation** | | |
| **Begleitung** | | |
| **Dynamik** | *Beginn p* | |
| **Tongeschlecht** | | *Dur* |

(weitere Übungen zum Tongeschlecht siehe Seite 67)

## Aufgabe 8 (A 24–27)

(→ SB, S. 15, A 4)

Höre dir den ersten Satz der f-Moll-Sonate von Ludwig van Beethoven an. Trage in den Ablaufplan ein, wann im Sonatensatz welches Thema zu hören ist und in welcher Form es jeweils auftritt.

| Exposition | | | |
|---|---|---|---|
| | *Überleitung* | | *Schlussteil* :‖ |

| Durchführung | | | |
|---|---|---|---|
| | | | |

| Reprise | | | Coda |
|---|---|---|---|
| | *Überleitung* | | |

### Aufgabe 9

A 26

(→ SB, S. 16, A 5)

Verfolge hörend den ersten Teil der Durchführung. Achte dabei auf die Verwendung der beiden Themenköpfe (jeweils die ersten beiden Takte der Themen) und ergänze die Tabelle.

| Themen-kopf | Ober- oder Unterstimme | Dur oder Moll | Häufigkeit | Themenkopf komplett oder verkürzt |
|---|---|---|---|---|
| *I* | *Oberstimme* | | | |
| *II* | | | | |
| | | | | |
| | | | | |

## „Sinfonie aller Sinfonien" – Sinfonie Nr. 40, KV 550 von Wolfgang Amadeus Mozart

(→ SB, S. 18–23)

### Aufgabe 10

A 28, 29

(→ SB, S. 18, A 1)

Der erste Satz der Sinfonie Nr. 40 von Wolfgang Amadeus Mozart ist in der Sonatensatzform geschrieben. Höre dir die beiden Themen an und stelle sie einander gegenüber.

| | Thema I | Thema II |
|---|---|---|
| |  |  |
| **Melodik** | | |
| **Aufbau** | | |
| **Tonge-schlecht** | | |
| **Charakter** | | |

## Aufgabe 11

(→ SB, S. 23, A 11)

**a)** Finde im unten stehenden Brief Mozarts Hinweise auf seinen Gemütszustand. Unterstreiche entsprechende Passagen und benenne den jeweiligen Gemütszustand.

Liebster bester freund!

Ich habe immer geglaubt dieser tagen selbst in die Stadt zu kommen, um mich bei ihnen wegen ihrer mir bewiesenen freundschaft mündlich bedanken zu können - Nun hätte ich aber nicht einmal das Herz vor ihnen zu erscheinen, da ich gezwungen bin, Ihnen frey zu gestehen, daß ich ihnen das mir geliehene ohnmöglich sobald zurückzahlen kann, und sie ersuchen muß mit mir Gedult zu haben! - Daß die Umstände dermalen und Sie mich nach meinem Wunsch nicht unterstützen können, macht mir viele Sorgen! - Meine Laage ist so, daß ich unumgänglich benöthigt bin Geld aufzunehmen. - aber Gott, wem soll ich mich vertrauen? Niemandem als ihnen, mein Bester! [...] ich habe in den 10 Tagen daß ich hier wohne mehr gearbeitet als in andern Logis die 2 Monat, und kämen mir nicht so oft so schwarze Gedanken (die ich mir mit Gewalt ausschlagen muß) würde es mir noch besser von Statten gehen, denn ich wohne angenehm, - bequem - und - wohlfeil. - ich will sie nicht länger mit meinem Gewäsch aufhalten, sondern schweigen und hoffen.

Ewig ihr verbundener Diener
wahrer freund u. O. B.

W.A. Mozart

Mutlosigkeit

**b)** Suche für diese und weitere „schwarze Gedanken" Merkmale in den einzelnen Sinfoniesätzen.

| Sinfoniesatz | Merkmale „schwarzer Gedanken" |
|---|---|
| Satz 1 | |
| Satz 2 | |
| Satz 3 | |
| Satz 4 | |

**c)** Nimm Stellung zu der These, Mozart würde in der Sinfonie seine persönliche Situation zum Ausdruck bringen.

______________________________________________

______________________________________________

______________________________________________

______________________________________________

______________________________________________

______________________________________________

## Haydn, Mozart, Beethoven – drei ganz besondere Typen

(→ SB, S. 24/25)

### Aufgabe 12

(→ SB, S. 24, A 1)

Stelle mithilfe der Materialien auf den Seiten 24/25 des Schulbuchs die unterschiedlichen Anstellungsverhältnisse und Ansichten über Politik und Gesellschaft der Komponisten Joseph Haydn, Wolfgang Amadeus Mozart und Ludwig van Beethoven einander gegenüber.

| | Joseph Haydn | Wolfgang A. Mozart | Ludwig van Beethoven |
|---|---|---|---|
| **Anstellungsverhältnis/ Abhängigkeit** | | | |
| **Ansichten über Politik und Gesellschaft** | | | |

## [Das habe ich in diesem Kapitel gelernt]

| | Klar kann ich das! | Das gelingt mir weitgehend. | Das fällt mir noch schwer. |
|---|---|---|---|
| + Merkmale aus Barock und Klassik gegenüberzustellen | | | |
| + kompositorische Mittel in einem Oratorium zu beschreiben | | | |
| + die kontrastierenden Themen einer Sonate oder Sinfonie zu vergleichen | | | |
| + die Themenverarbeitung in einer Sonate zu verfolgen | | | |
| + die Beziehung zwischen der Situation Mozarts und seiner Sinfonie Nr. 40 zu beurteilen | | | |
| + die drei Komponisten Haydn, Mozart und Beethoven miteinander zu vergleichen | | | |

## Rendezvous auf dem Marktplatz von Sevilla

(→ SB, S. 32/33)

### Aufgabe 1

(→ SB, S. 33, A 6)

**a)** Markiere im Notenausschnitt die Stellen, auf die die folgenden Begriffe zutreffen, und trage sie in den Notentext ein: *abwärtsgerichtete Melodielinie – chromatische Tonschritte – Ostinato – pianissimo – Rhythmus der Habanera – Triolen*

**Habanera**

Musik: G. Bizet

(weitere Übung zur Chromatik siehe Seite 68)

**b)** Erläutere, inwiefern die Musik die Persönlichkeit Carmens über die Textebene hinaus charakterisiert.

## Carmen – eine Geschichte von Liebe und Tod

(→ SB, S. 34/35)

### Aufgabe 2

45–57

(→ SB, S. 34, A 2)

Erstelle mithilfe der Hörgeschichte ein Soziogramm, also eine schematische Übersicht der Beziehungen der wesentlichen Personen in der Oper „Carmen".

Carmen

## Verhängnisvolle Begegnungen

(→ SB, S. 36–39)

### Aufgabe 3

58

Carmens Leitmotiv ist von übermäßigen Sekunden geprägt. Markiere diese im Notentext.

**Andante moderato**

Musik: G. Bizet

(weitere Übung zur übermäßigen Sekunde siehe Seite 66)

### Aufgabe 4

60

(→ SB, S. 37, A 5/6)

Don José reagiert auf die ersten Andeutungen Carmens in der „Seguidilla" mit einem strengen Befehl.

**a)** Trage die musikalischen Mittel, die eingesetzt werden, um Don José militärisch und streng wirken zu lassen, in die Tabelle ein und markiere sie im Notentext.

**b)** Don Josés wahre Gefühlslage kommt durch die Orchesterbegleitung zutage. Ergänze die entsprechenden musikalischen Mittel in der Tabelle und im Notentext.

**Seguidilla**

Moderato, quasi recitativo

Musik: G. Bizet

| militärische Wirkung | Gefühlslage Don Josés |
|---|---|
| | |

**c)** Fasse die Zweideutigkeit dieser Stelle zusammen.

### Aufgabe 5

(→ SB, S. 38, A 7)

Später in der „Seguidilla" hat sich Don Josés Gesangsstil grundlegend verändert. Er erliegt Carmens Verführung. Belege diesen Wandel mithilfe des vorliegenden Notentextes.

**Seguidilla**

Musik: G. Bizet

## Verhinderte Liebesduette

(→ SB, S. 40/41)

### Aufgabe 6

(→ SB, S. 40, A 2)

Untersuche den Partiturausschnitt im Schulbuch auf Seite 40 und notiere, mit welchen musikalischen Mitteln Bizet die Welt von Carmen bzw. von Don José charakterisiert. Gehe dabei auf verwendete Instrumente, Melodieführung und Rhythmik ein.

| Carmen | Don José |
| --- | --- |
| | |

## Aufgabe 7

(→ SB, S. 40, A 3)

Höre dir das Duett von Don José und Carmen an und verfolge die deutsche Übersetzung im Schulbuch auf Seite 40 unten. Berücksichtige zentrale Aussagen, die Hinweise auf Charakter und Stimmung der beiden Protagonisten geben.

**[Tipp]** Achte z. B. auf das Verhältnis zu Arbeit und Pflichten in der Gesellschaft.

Ziehe aus dem Text des Duetts hinsichtlich Carmens und Don Josés Charakter Schlussfolgerungen.

## Aufgabe 8

(→ SB, S. 41, A 7)

**a)** Zeichne die Entwicklung der Beziehung zwischen Carmen und Don José im Verlauf der Oper nach. Markiere dazu mit einem Kreuz auf der Skala neben den jeweiligen Stationen der Handlung den Grad der Zuneigung (rot) bzw. Kälte (blau), den die beiden Protagonisten einander entgegenbringen.

| Akt | Handlung | Carmen (Kälte) | Carmen | Carmen (Zuneigung) | Don José (Zuneigung) | Don José | Don José (Kälte) |
|---|---|---|---|---|---|---|---|
| 1. | Carmen singt die Habanera. | ○ | ○ | ○ | ○ | ○ | ○ |
| | Carmen wirft Don José eine Blume zu. | ○ | ○ | ○ | ○ | ○ | ○ |
| | Don José soll Carmen ins Gefängnis bringen, nachdem sie eine Frau verletzt hat. | ○ | ○ | ○ | ○ | ○ | ○ |
| | Carmen überredet Don José, sie fliehen zu lassen. Don José befreit Carmen und muss in Arrest. | ○ | ○ | ○ | ○ | ○ | ○ |
| 2. | Don José kommt in die Taverne und Carmen singt für ihn. | ○ | ○ | ○ | ○ | ○ | ○ |
| | Don José wird vom Zapfenstreich zurückgerufen. | ○ | ○ | ○ | ○ | ○ | ○ |
| | Don José schildert seine Gefühle, schlägt aber das Angebot aus, ihr Schmugglerleben zu teilen. | ○ | ○ | ○ | ○ | ○ | ○ |
| 3. | Don José ist mit Carmen und den Schmugglern in den Bergen. | ○ | ○ | ○ | ○ | ○ | ○ |
| | Don José geht zu seiner sterbenden Mutter zurück. | ○ | ○ | ○ | ○ | ○ | ○ |
| 4. | Escamillo tritt mit Carmen an seiner Seite auf. | ○ | ○ | ○ | ○ | ○ | ○ |
| | Carmen wirft Don José den Ring vor die Füße, Don José ersticht sie. | ○ | ○ | ○ | ○ | ○ | ○ |

**b)** Beschreibe mithilfe der Übersicht die Tragik der Liebesbeziehung zwischen Carmen und Don José. Erkläre, warum eine positive Entwicklung der Beziehung nicht möglich ist.

______________________________________________

______________________________________________

______________________________________________

______________________________________________

______________________________________________

______________________________________________

## Die Ouvertüre – nur eine Einleitung?

(→ SB, S. 42/43)

### Aufgabe 9

65

(→ SB, S. 42, A 2/3)

**a)** Mache dich zunächst mit den Themen der Ouvertüre auf den Seiten 42 und 43 im Schulbuch vertraut.

**b)** Trage beim Hören der Ouvertüre die Reihenfolge der erklingenden Themen in das Kästchen am Notenbeispiel ein.

**c)** Ordne die Themen den dir bekannten Charakteren bzw. Lebenswelten aus der Oper zu.

Musik: G. Bizet

Charakter/Lebenswelt:

______________________

Charakter/Lebenswelt:

______________________

Charakter/Lebenswelt:

______________________

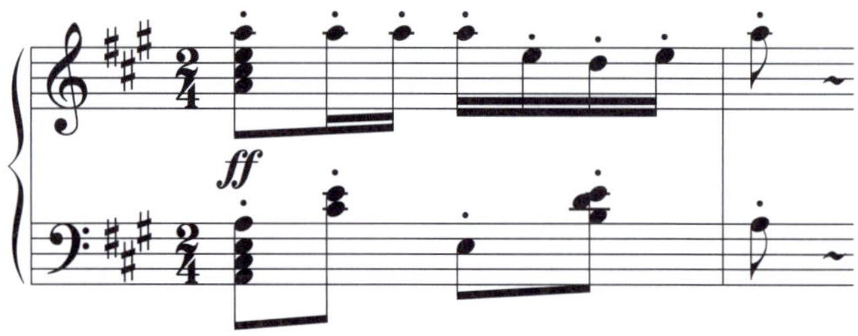


Charakter/Lebenswelt:

______________________

## Die Oper – Entwicklung einer Form

(→ SB, S. 44/45)

Grundwissen aufgefrischt

### Formen in der Oper und im Oratorium

Vervollständige den Entscheidungsbaum mithilfe der Wissens- und Infoboxen auf den Seiten 11, 12 und 45 im Schulbuch.

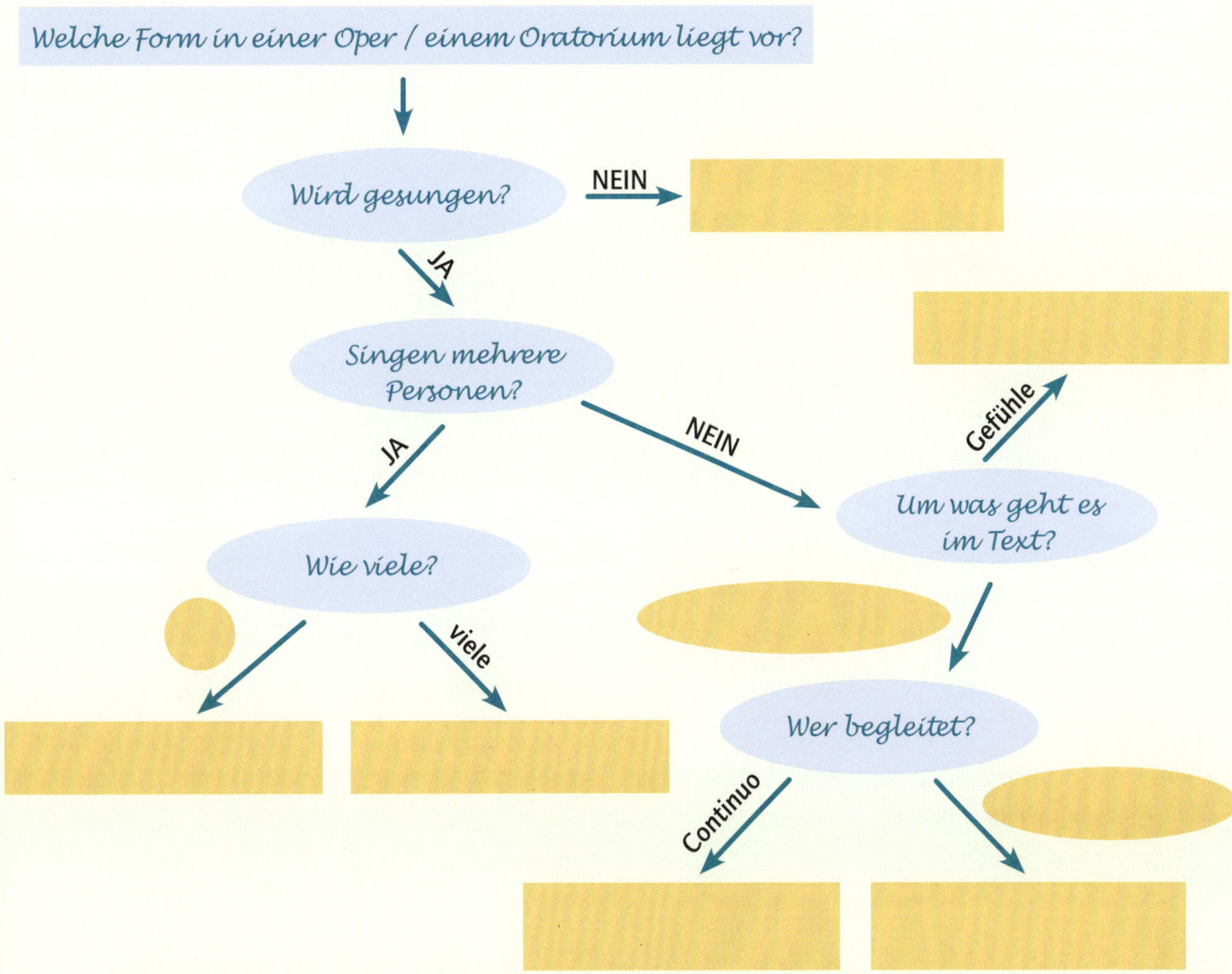


## [ Das habe ich in diesem Kapitel gelernt ]

| | Klar kann ich das! | Das gelingt mir weitgehend. | Das fällt mir noch schwer. |
|---|---|---|---|
| + charakterisierende musikalische Mittel in einer Arie zu beschreiben | | | |
| + ein Soziogramm zu erstellen | | | |
| + übermäßige Sekunden zu erkennen | | | |
| + den emotionalen Wandel in einer Szene mithilfe musikalischer Elemente zu belegen | | | |
| + Charaktereigenschaften von Carmen und Don José, auch musikalisch, gegenüberzustellen | | | |
| + die Beziehung der beiden Protagonisten grafisch darzustellen | | | |
| + Themen innerhalb einer Ouvertüre zuzuordnen | | | |
| + Formen in der Oper zu beschreiben | | | |

## Aufgabe 1

(→ SB, S. 48, Hörstation 2)

Ergänze im unten stehenden Polaritätsprofil weitere Gegensatzpaare zu den Eigenschaften von Musik. Notiere deinen Höreindruck zu den jeweiligen musikalischen Eigenschaften. Vergleiche deine Zuordnung mit den Profilen deiner Mitschülerinnen und Mitschüler.

| | +3 | +2 | +1 | 0 | +1 | +2 | +3 | |
|---|---|---|---|---|---|---|---|---|
| *laut* | | | | | | | | *leise* |
| *schnell* | | | | | | | | *langsam* |
| *dissonant* | | | | | | | | *konsonant* |
| *unverständlich* | | | | | | | | *klar* |
| *komplex* | | | | | | | | *einfach* |
| *ernst* | | | | | | | | *heiter* |
| | | | | | | | | |
| | | | | | | | | |
| | | | | | | | | |
| | | | | | | | | |

## Aufgabe 2

(→ SB, S. 48/49, Hörstation 3 und 4)

**a)** Trage während des Hörens in der Zeitleiste erkennbare Abschnitte mit genauen Zeiten ein. Benenne, welches jeweilige musikalische Ereignis dazu führt, dass du von einem neuen Abschnitt sprechen willst. Achte auch auf wiederkehrende oder sich verändernde Formteile.

| **Zeit** | *0:00* | | |
|---|---|---|---|
| **Formteil** | *A* | | |
| **Ereignis** | *laut, Xylofon, Bläser* | | |
| **Melodik** | *viele Tonwiederholungen in der Melodie, tiefe Gegenstimme in den Blechbläsern* | | |
| **Rhythmik/Metrik** | *kurze Notenwerte in der Melodie, längere in der Gegenstimme* | | |
| **Lautstärke** | *laut* | | |
| **Klangfarbe/ Instrumentation** | *scharf, Xylofon, Bläser* | | |

## Aufgabe 3 B 6–9

(→ SB, S. 49, Hörstation 5)

Ergänze mithilfe der Informationen über Stimmlagen und Stimmfächer im Schülerbuch auf Seite 49 die unten stehende Tabelle. Trage ein, wie du den Stimmklang, den Ausdruck bzw. die Rolle empfunden hast, und ordne jedem Hörbeispiel eine Stimmlage und ein Stimmfach zu.

| | **Hörbeispiel 1** | **Hörbeispiel 2** | **Hörbeispiel 3** | **Hörbeispiel 4** |
|---|---|---|---|---|
| **Stimmklang** | | | | |
| **Ausdruck/ Rolle** | | | | |
| **Stimmlage/ Stimmfach** | | | | |

**b)** Mache dich mit den musikalischen Parametern im Schulbuch auf Seite 49 vertraut. Achte beim nochmaligen Hören auf einen der vorgegebenen Parameter und ergänze deine Ergebnisse in der Zeitleiste.

**c)** Vervollständige die Zeitleiste mit den Ergebnissen deiner Mitschülerinnen und Mitschüler.

## „Romantisch" – Romantik

(→ SB, S. 52/53)

### Aufgabe 1

(→ SB, S. 53, A 3b)

Erfinde eine Fortsetzung für die Geschichten der beiden Gesellen.

**Die zwei Gesellen**

Es zogen zwei rüst'ge Gesellen
zum ersten Mal von Haus,
so jubelnd recht in die hellen,
klingenden, singenden Wellen
des vollen Frühlings hinaus.

Die strebten nach hohen Dingen,
die wollten, trotz Lust und Schmerz,
was Rechts in der Welt vollbringen,
und wem sie vorübergingen,
dem lachten Sinnen und Herz.

Der erste, der fand ein Liebchen,
die Schwieger kauft' Hof und Haus;

Dem zweiten sangen und logen
die tausend Stimmen im Grund,

## Das 19. Jahrhundert

(→ SB, S. 54/55)

### Aufgabe 2

(→ SB, S. 54, A 2)

a) Sieh dir einen Ausschnitt aus dem Film „Frühlingssinfonie" an und notiere stichpunktartig die wesentlichen Aspekte der Szene.

b) Recherchiere im Internet die Entwicklung des Musik- und Konzertlebens und ergänze deine Aufzeichnungen.

**Bürgerliches Leben im 19. Jahrhundert:**

## Die Stimme des Inneren – das Klavierlied

(➜ SB, S. 56–59)

### Aufgabe 3

(➜ SB, S. 59, A 2a)

Visualisiere im Notentext des Klaviervorspiels die „Verschmelzung von Himmel und Erde". Benutze dazu Pfeile, farbige Linien etc.

**Mondnacht**

Musik: R. Schumann

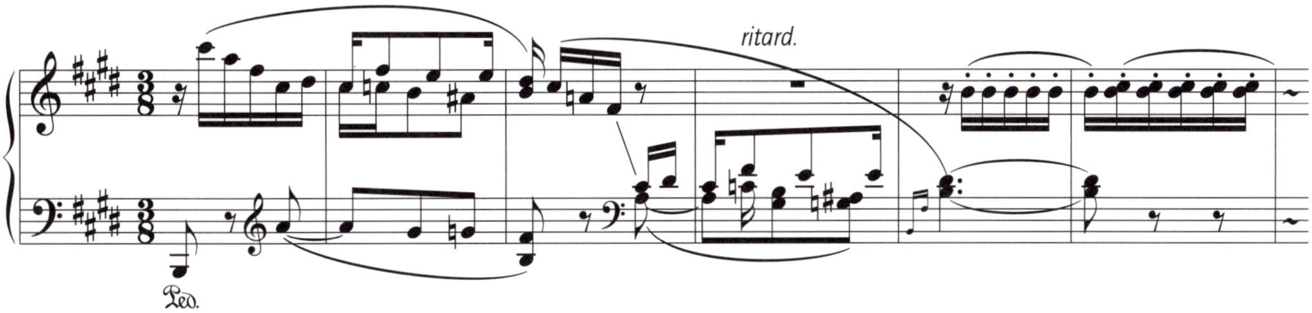


### Aufgabe 4

(➜ SB, S. 59, A 3)

Vergleiche den jeweiligen Beginn der einzelnen Strophen und des Klaviervorspiels miteinander und stelle dar, wie Schumann in der dritten Strophe die Wendung ins „Innere" musikalisch darstellt. Markiere Gemeinsamkeiten und Unterschiede im Notentext.

**Beginn Klaviervorspiel**

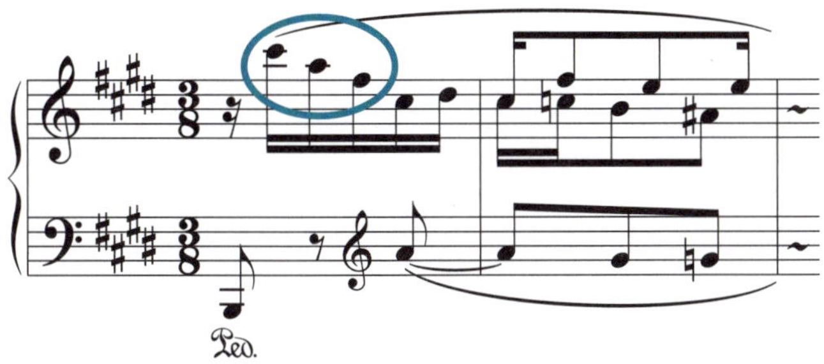

*hohe Lage als Symbol für den Himmel*

**Beginn Strophe 1**

**Beginn Strophe 2**

**Beginn Strophe 3**

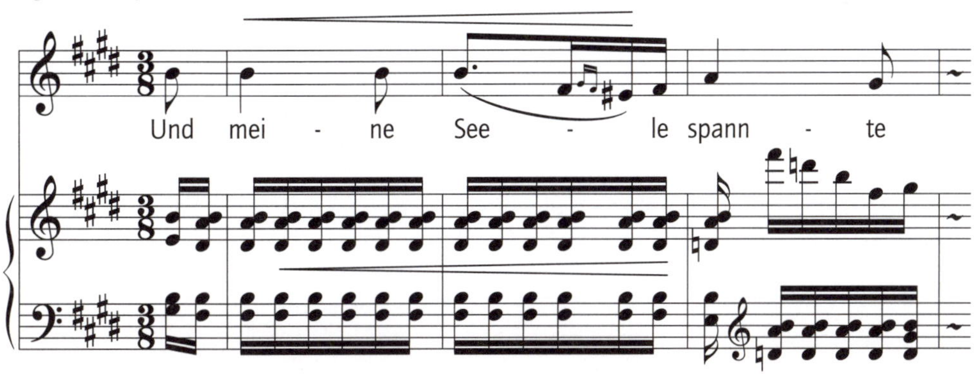

## Aufgabe 5

B 18

(→ SB, S. 59, A 4)

**a)** Benenne und notiere im Notensystem die Hauptdreiklänge der Tonart E-Dur. Ergänze dazu in der Tabelle die fehlenden Stufen und Dreiklangsbezeichnungen.

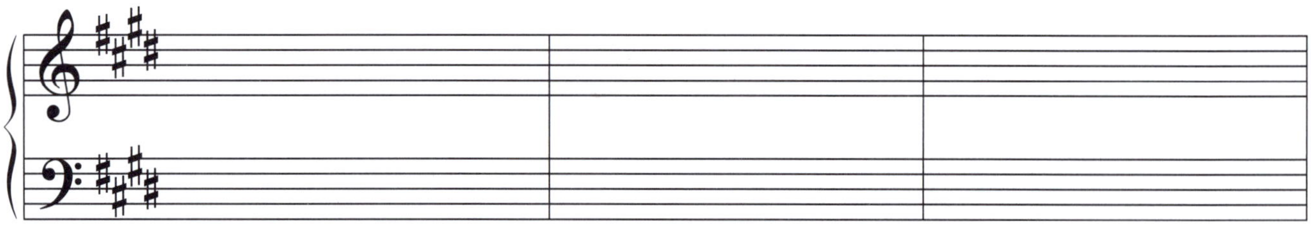

| **Stufe** | *I* | | |
|---|---|---|---|
| **Funktion** | *Tonika* | *Subdominante* | *Dominante* |
| **Dreiklang** | *E-Dur* | | |

**b)** Bestimme nun die Harmonien an den Stellen, an denen du das Gefühl hattest, einen Grundklang bzw. Ruheklang zu hören (s. SB, S. 59, Aufgabe 4a). Du kannst dabei folgendermaßen vorgehen:

E

- Benenne die Töne.
- Bringe die Töne in die Grundform des Dreiklangs.
- Bestimme den Dreiklang (Grundton + Tongeschlecht).
- Trage die Stufe und Funktion in E-Dur ein (siehe oben).

**Beispiel (Takt 68)**

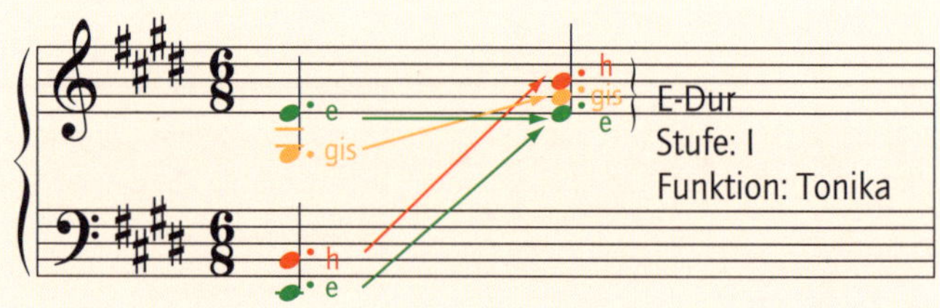


Takt: | Takt:

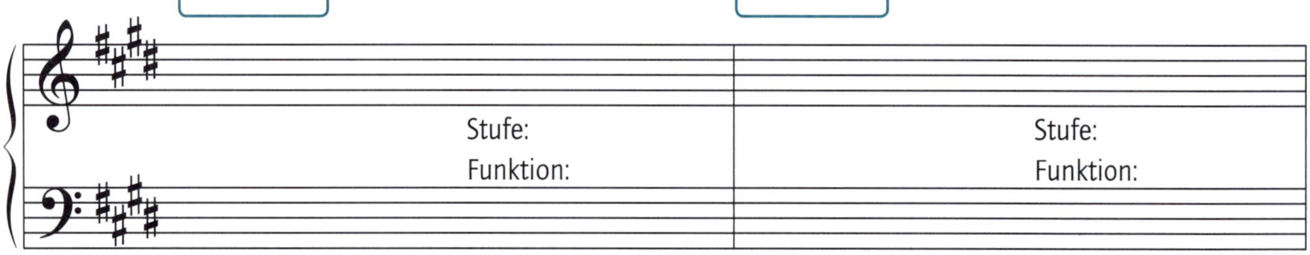


Takt: | Takt:

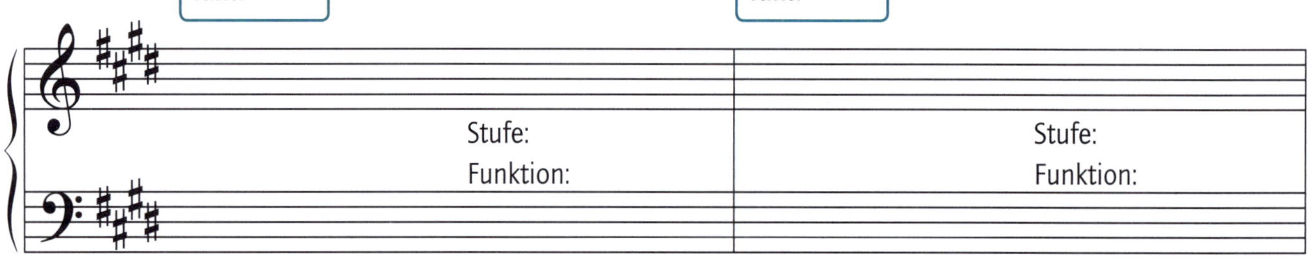


**c)** Diskutiere mit deinen Mitschülerinnen und Mitschülern, inwieweit eure Ergebnisse aus Aufgabe b) zu der Aussage passen, dass Schumann mit seiner Harmonik den „Schwebezustand" des lyrischen Ichs zum Ausdruck bringt.

(weitere Übungen zu Dreiklangsumkehrungen und Kadenzen siehe Seite 70/71)

## Programmmusik: Orchesterspuk und Totentanz

(→ SB, S. 61–63)

**Grundwissen aufgefrischt**

### Tritonus

(→ SB, S. 62)

**a)** Ergänze in der folgenden Notenzeile jeden Takt so, dass über der angegebenen Note ein Tritonus entsteht. Gib jeweils zwei mögliche Lösungen an.

**b)** Überprüfe im Kopf, welche Töne sich ergeben, wenn man von den gleichen Tönen aus jeweils einen Tritonus nach unten statt nach oben geht. Begründe deine Beobachtung.

______________________________________________

______________________________________________

______________________________________________

### Aufgabe 6

B 27, 28

(→ SB, S. 62, A 5)

Trage in die Tabelle ein, wie die beiden Melodien gestaltet sind, welche Instrumente sie spielen und was die groteske und schaurige Wirkung erzeugt.

Musik: C. Saint-Saëns

1

2

| | Gestaltung | Instrumentierung | Wirkung |
|---|---|---|---|
| **Melodie 1** | | | |
| **Melodie 2** | | | |

## Virtuos! Das Klavierkonzert im 19. Jahrhundert

(→ SB, S. 66–69)

### Aufgabe 7 35, 36

(→ SB, S. 67, A 4)

Höre dir den ersten Satz des Klavierkonzertes Nr. 1 von Franz Liszt an. Konzentriere dich dabei auf einen der folgenden Aspekte und trage in die Tabelle in der richtigen Zeitspalte die entsprechenden musikalischen Eigenschaften ein.

**Gruppe 1: Rolle des Klaviers**
Benenne melodiöse (M), virtuose (V) und begleitende (B) Stellen im Klavier.

**Gruppe 2: Orchesterinstrumente mit Melodie**
Trage die Instrumente, die die Melodie neben dem Klavier übernehmen, an der richtigen Stelle ein.
**Auswahlbegriffe:** *Streicher, Blechbläser, Fagotte, Klarinette, Violine, Celli*

**Gruppe 3: Rolle des Orchesters als Begleitung**
Markiere die Teile, in denen das Orchester eine begleitende Funktion einnimmt, mit einem X.

| Zeit | 0:00 | 0:13 | 0:24 | 0:49 | 0:56 | 1:04 | 1:20 | 1:28 |
|---|---|---|---|---|---|---|---|---|
| Gruppe 1: Rolle des Klaviers | | M | | | | | | |
| Gruppe 2: Instrumente mit Melodie | Strei-cher | | | | | | | |
| Gruppe 3: Orchester als Beglei-tung | X | X | | | | | | |

| Zeit | 1:58 | 2:09 | 2:43 | 2:53 | 3:00 | 3:16 | 3:27 | 3:38 |
|---|---|---|---|---|---|---|---|---|
| Gruppe 1: Rolle des Klaviers | | | | | | | | |
| Gruppe 2: Instrumente mit Melodie | | | | | | | | |
| Gruppe 3: Orchester als Beglei-tung | | | | | | | | |

| Zeit | 3:50 | 4:07 | 4:15 | 4:22 | 4:38 | 4:47 | 4:53 | 5:03 |
|---|---|---|---|---|---|---|---|---|
| Gruppe 1: Rolle des Klaviers | | | | | | | | |
| Gruppe 2: Instrumente mit Melodie | | | | | | | | |
| Gruppe 3: Orchester als Beglei-tung | | | | | | | | |

Grundwissen aktiv

## Besonderheiten einer Partitur

### Klavierkonzert Nr. 1, 1. Satz

B 36

Musik: F. Liszt

Umrande in der Partitur die verschiedenen Instrumentengruppen farbig:

- Streichinstrumente
- Holzblasinstrumente
- Blechblasinstrumente
- Schlaginstrumente

Beschrifte im Partiturausschnitt Beispiele für die folgenden Elemente:

- eine Akkolade
- eine geschweifte Klammer für gleiche Instrumente
- die Notenzeile der Bratschen und den zugehörigen Schlüssel
- ein Instrument, das im Tenorschlüssel notiert ist
- ein transponierendes Instrument

(Übung zu transponierenden Instrumenten siehe Seite 68)

## Musik – eine Frage der Nationalität

(→ SB, S. 70–73)

### Aufgabe 8

(→ SB, S. 70, A 1a)

**a)** Notiere jeweils drei Märchen/Sagen und Volkslieder deiner Heimat.
**b)** Kreuze an, wie gut du sie kennst.
**c)** Tausche dich mit deiner Klasse aus.

| Märchen und Sagen | Ich kenne den Titel. | Ich kenne die wichtigsten Merkmale der Handlung. | Ich kann das Märchen bzw. die Sage nacherzählen. |
|---|---|---|---|
| | | | |
| | | | |
| | | | |

| Volkslieder | Ich kenne den Titel. | Ich kann ein wenig mitsingen, wenn es gespielt wird. | Ich kann es auswendig singen. |
|---|---|---|---|
| | | | |
| | | | |
| | | | |

### Aufgabe 9

(→ SB, S. 71, A 4)

Markiere und beschrifte die im Schulbuch auf Seite 71 genannten Eigenschaften norwegischer Volksmusik im nachfolgenden Notat.

**Halling**

Musik: E. Grieg

## Aufgabe 10

(→ SB, S. 72, A 6)

Ergänze die Lücken mithilfe der Informationen im Schulbuch auf den Seiten 70–72.

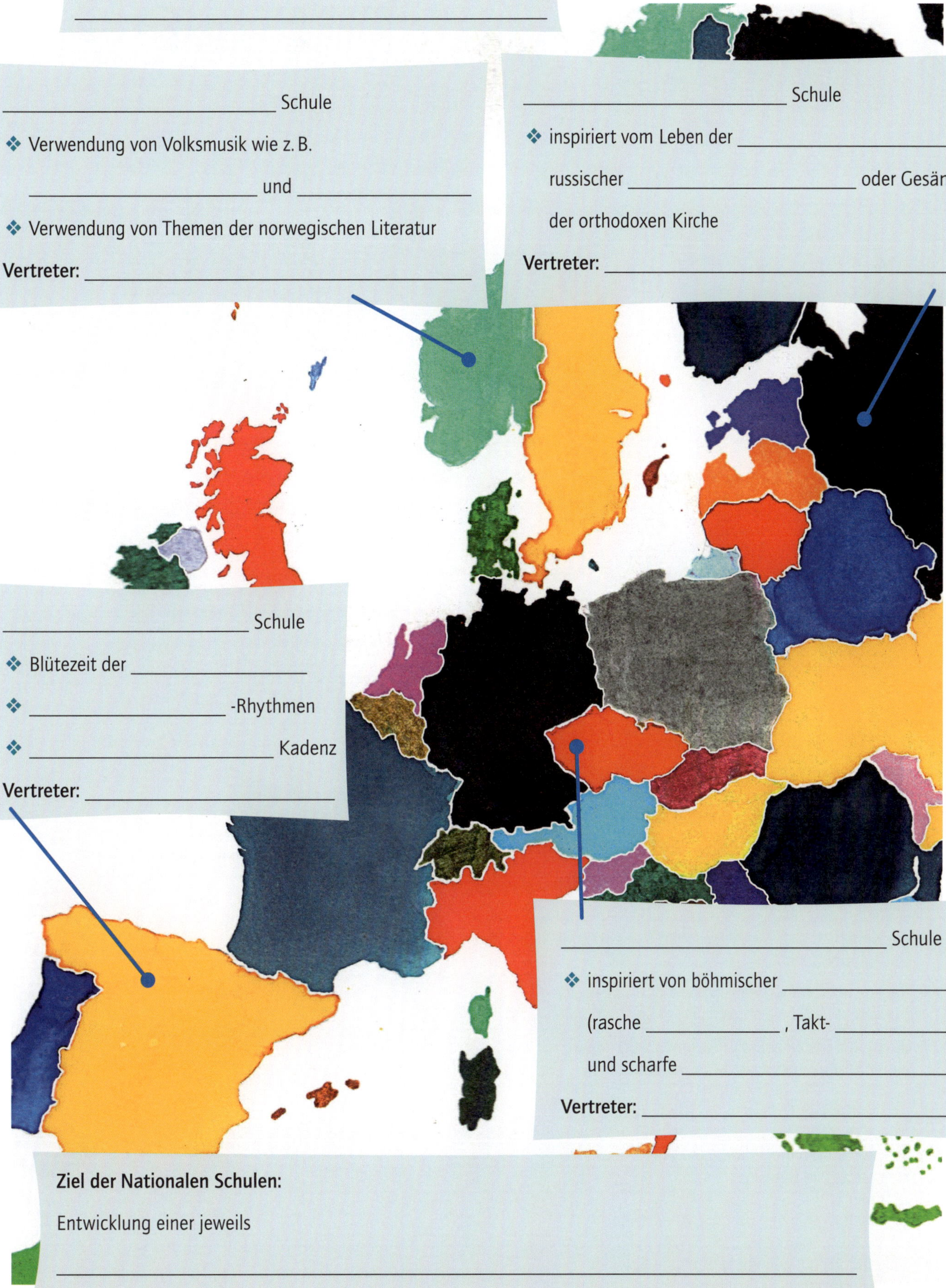

**Entstehungszeit der Nationalen Schulen:**

______________________________

______________________ Schule

- Verwendung von Volksmusik wie z. B. ______________ und ______________
- Verwendung von Themen der norwegischen Literatur

**Vertreter:** ______________________

______________________ Schule

- inspiriert vom Leben der ______________, russischer ______________ oder Gesängen der orthodoxen Kirche

**Vertreter:** ______________________

______________________ Schule

- Blütezeit der ______________
- ______________ -Rhythmen
- ______________ Kadenz

**Vertreter:** ______________________

______________________ Schule

- inspiriert von böhmischer ______________ (rasche ______________, Takt- ______________ und scharfe ______________)

**Vertreter:** ______________________

**Ziel der Nationalen Schulen:**

Entwicklung einer jeweils

______________________________

## Aufgabe 11

46–48

(→ SB, S. 72, A 7)

Markiere im Notentext typische musikalische Kennzeichen der jeweiligen Nationalen Schule.

______ Schule Merkmale: ______

1

______ Schule Merkmale: ______

2

______ Schule Merkmale: ______

3

## [ Das habe ich in diesem Kapitel gelernt ]

| | Klar kann ich das! | Das gelingt mir weitgehend. | Das fällt mir noch schwer. |
|---|---|---|---|
| + Aspekte des bürgerlichen Lebens im 19. Jahrhundert zu beschreiben | | | |
| + ein Kunstlied unter verschiedenen Gesichtspunkten zu untersuchen | | | |
| + die musikalische Gestaltung und Wirkungsweise in einem Werk der Programmmusik zu bestimmen | | | |
| + die Rollen der einzelnen Instrumentengruppen in einem Virtuosenkonzert zu definieren | | | |
| + den Aufbau einer Partitur zu wiederholen | | | |
| + mich über Märchen, Sagen und Volkslieder meiner Heimat auszutauschen | | | |
| + Eigenschaften eines Hallings zu erkennen | | | |
| + Stile der verschiedenen Nationalen Schulen zu differenzieren | | | |

## „Mit dir kann ich bis zu den Sternen gehen" – Tanz der Vampire (→ SB, S. 80/81)

**Aufgabe 1** (→ SB, S. 81, A 3)

**a)** Höre dir das Duett an und halte in der Tabelle fest, wer in welchem Formteil singt und welche musikalische Gestaltung in den einzelnen Teilen verwendet wird.

**b)** Fasse den Inhalt der einzelnen Formteile kurz zusammen.

| | Intro | Strophe 1 | Refrain 1 | Strophe 2 |
|---|---|---|---|---|
| **Wer singt?** | | | | |
| **Instrumentierung/ musikalische Gestaltung** | | | | |
| **Inhalt** | | | | |

| | Refrain 2 | Bridge | Refrain 3 |
|---|---|---|---|
| **Wer singt?** | | | |
| **Instrumentierung/ musikalische Gestaltung** | | | |
| **Inhalt** | | | |

## Aufgabe 2

(→ SB, S. 81, A 4)

Informiere dich mithilfe der Infobox im Schulbuch auf Seite 81 über typische Eigenschaften eines Duetts und beschreibe anschließend die Gestaltung der beiden Stimmen in den unten stehenden Ausschnitten.
Ordne sie einem Formteil in der Übersichtstabelle auf Seite 31 im Arbeitsheft zu.

Gestaltung: ______________________________________________

Formteil: ______________________________________________

Gestaltung: ______________________________________________

Formteil: ______________________________________________

# Reiz der Unsterblichkeit

(→ SB, S. 82/83)

## Aufgabe 3

(→ SB, S. 83, A 5)

Im folgenden Soziogramm werden die Beziehungen der vier Hauptcharaktere zu Beginn des Musicals grafisch dargestellt. Vervollständige das Soziogramm im Laufe der nächsten Unterrichtsstunden nach und nach.

## Der Graf und der Professor

(→ SB, S. 84/85)

### Aufgabe 4

(→ SB, S. 85, A 1)

Erstelle mithilfe der Songtexte (SB, S. 84/85) jeweils ein Profil für Graf von Krolock und Professor Abronsius.

| *Graf von Krolock* | *Professor Abronsius* |
|---|---|
| Charakter: | Charakter: |
| | |
| Meine Absichten: | Meine Absichten: |
| | |
| | |
| Das macht mich glücklich: | Das macht mich glücklich: |
| | |
| | |
| | |
| Das ärgert mich: | Das ärgert mich: |
| | |
| | |

### Aufgabe 5

4, 5

(→ SB, S. 85, A 3)

**a)** Stelle in der Tabelle die musikalischen Gestaltungsmittel der beiden Songs „Gott ist tot“ und „Wahrheit“ einander gegenüber.

| | Gott ist tot | Wahrheit |
|---|---|---|
| **Instrumentation** | | |
| **Tempo** | | |
| **dynamische Entwicklung** | | |
| **Melodiebau** | | |

**b)** Fasse deine Ergebnisse der Aufgaben 4 und 5a zusammen und bewerte, wie die musikalische Umsetzung des Textes gelungen ist.

## Das Musical – eine Erfolgsgeschichte

(→ SB, S. 90/91)

### Aufgabe 6

(→ SB, S. 91, A 6b)

**a)** Ordne die verschiedenen Tätigkeiten aus dem Kasten auf Seite 91 im Schulbuch den verschiedenen Stadien des Entstehungsprozesses eines Musicals zu.

**b)** Recherchiere nach weiteren Berufen, die im Musicalbetrieb eine wichtige Rolle spielen, und stelle sie der Klasse vor.

______________________________________________

______________________________________________

______________________________________________

## [ Das habe ich in diesem Kapitel gelernt ]

| | Klar kann ich das! | Das gelingt mir weitgehend. | Das fällt mir noch schwer. |
|---|---|---|---|
| ✚ ein Musicalduett zu analysieren | | | |
| ✚ ein Soziogramm zu vervollständigen | | | |
| ✚ zwei gegensätzliche Charaktere zu beschreiben und ihre jeweilige musikalische Gestaltung zu vergleichen | | | |
| ✚ den einzelnen Stadien des Entstehungsprozesses eines Musicals die passenden Tätigkeiten zuzuordnen | | | |

## Musik am Hofe des Sonnenkönigs

(→ SB, S. 94/95)

### Aufgabe 1

(→ SB, S. 94, A 1)

Beschreibe den Aufbau des Schlosses Versailles und seiner Umgebung sowie das Porträt von Ludwig XIV. (Bilder auf Seite 94 im Schulbuch).

*Schloss Versailles:* ______________________________________________

______________________________________________

______________________________________________

*Ludwig XIV.:* ______________________________________________

______________________________________________

### Aufgabe 2

(→ SB, S. 95, A 2)

**a)** Sieh dir den Videoausschnitt mit dem Auftritt Ludwigs XIV. an. Skizziere auf dem unten stehenden Bühnengrundriss die Aufstellung der Personen, die an dem Tanz beteiligt sind.

**b)** Erläutere, was mithilfe des Tanzes vermittelt werden sollte. Nimm auch Bezug auf den Beinamen Ludwigs XIV. als „Sonnenkönig".

______________________________________________

______________________________________________

______________________________________________

______________________________________________

______________________________________________

______________________________________________

______________________________________________

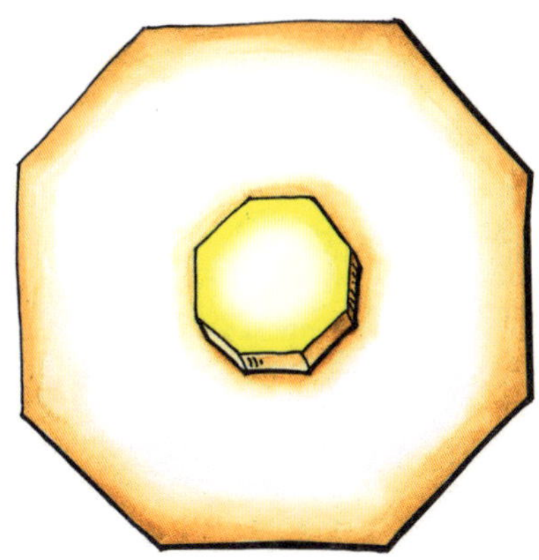

## Die Suite – eine europäische Tanzsammlung

(→ SB, S. 96/97)

**! Grundwissen aktiv**

### Tänze der barocken Suite

Ordne den folgenden Ausschnitten aus der „Französischen Suite VI" von Johann Sebastian Bach jeweils einen Tanz zu. Bringe die Sätze in die richtige Reihenfolge.

○ 

______________________________

○ 

______________________________

○ 

______________________________

○ 

______________________________

## Das Konzert – Entwicklung einer Form

(→ SB, S. 102/103)

### Aufgabe 3

(→ SB, S. 102, A 2)

Stelle mithilfe der Tabelle die Entwicklung des Konzertes dar. Gehe dabei vor allem auf den Einsatz des „konzertierenden Prinzips" ein. In der dritten Zeile sind verschiedene Besetzungsformen schematisch dargestellt.
Nutze die Informationen im Schulbuch auf den Seiten 102 und 103, um die Tabelle zu vervollständigen.

| **Entwicklungsstadium** | | | | |
|---|---|---|---|---|
| **Epoche** | | | | |
| **Musizierende bzw. musizierende Gruppen (schematisch)** |  | 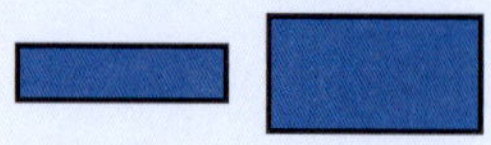 |  |  |
| **Einsatz des „konzertierenden Prinzips"** | *Chöre (instrumental verstärkt) stehen sich auf mehreren Emporen gegenüber.* | | | |
| **weitere Merkmale** | | | *Diese Form bahnt sich bereits im Barock an. Satzfolge schnell - langsam - schnell, Solokadenz des Solisten.* | |
| **Komponisten** | | | | |

## Wie Feuer und Eis: barocke Affekte

(→ SB, S. 104/105)

### Aufgabe 4

(→ SB, S. 104, A 2)

Stelle mithilfe des Notentextes dar, inwiefern es Henry Purcell in der Oper „King Arthur" gelingt, mit musikalischen Mitteln einen Frostgeist „aus der Tiefe heraufzubeschwören". Markiere entsprechende Passagen in den Noten und verwende Fachbegriffe.

#### Arie des Frostgeistes (Ausschnitt)

Musik: H. Purcell

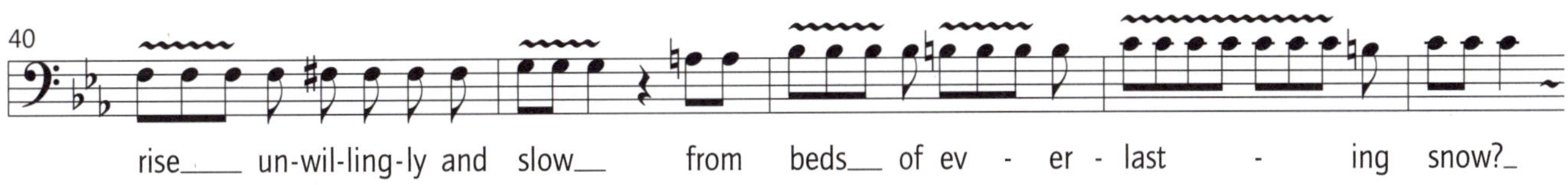


### Aufgabe 5

In der Oper „Dido and Aeneas" ist Dido von der unerfüllten Liebe so sehr betrübt, dass sie beschließt, sich selbst zu töten. In der Arie „When I Am Laid in Earth" kommt ihre innere Zerrissenheit und tiefe Traurigkeit stark zum Ausdruck.

| Text | Übersetzung |
|---|---|
| When I am laid in earth,<br>may my wrongs create no trouble in thy breast;<br>remember me, but ah! forget my fate. | Wenn ich in der Erde liege,<br>mögen meine Verfehlungen dich nicht bekümmern.<br>Denk an mich! Doch ach! Vergiss mein Schicksal. |

Höre dir die Arie an und stelle anhand geeigneter Stellen im Notentext dar, mit welchen Mitteln Henry Purcell diesen Gemütsausdruck musikalisch umsetzt.

#### When I Am Laid in Earth

Musik: H. Purcell

## Aufgabe 6

27, 28

(→ SB, S. 105, A 4)

Affekt: ______________

Affekt: ______________

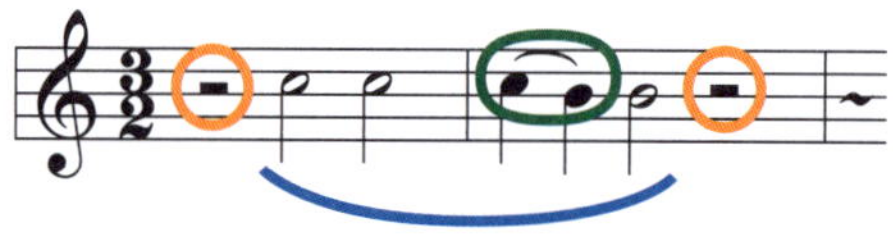

**a)** Ordne die unten beschriebenen musikalischen Mittel den farblich hervorgehobenen Stellen in den Noten zu. Ergänze dann, welche Gefühlsregungen mit den jeweiligen musikalischen Mitteln dargestellt sein könnten.

| Farbe | Beschreibung | Bedeutung |
|---|---|---|
| | Melodie ohne viel Bewegung | |
| | absteigender Halbton | |
| | schnelle Drehbewegung | |
| | Pausen | |
| | Quartsprung nach oben | |

**b)** Ordne den beiden Notenbeispielen jeweils **einen** Gemütszustand (Affekt) zu.

## Johann Sebastian Bachs Johannespassion – eine „Oper" für die Kirche

(→ SB, S. 106–109)

## Aufgabe 7

(→ SB, S. 106, A 4)

Erstelle einen Entwurf für die Vertonung des Arientextes „Es ist vollbracht". Lege zunächst den Affekt fest, der deiner Meinung nach vorherrschend ist. Beschreibe anschließend, wie die folgenden Parameter ausgestaltet werden müssten, um den gewünschten Affekt zu erreichen.

*Affekt:*

*Instrumente/Singstimme:*

*Tempo:*

*Tonart/-geschlecht:*

*Taktart:*

*Tempo:*

*Grundrhythmus:*

*Melodik:*

## Aufgabe 8

29, 30

(→ SB, S. 106, A 5)

**a)** Stelle die von Bach verwendeten Kontraste innerhalb der Arie in der Tabelle gegenüber.

**b)** Kreuze an, welchem Abschnitt dein eigener Entwurf mehr ähnelt.

| **Abschnitt** | **„Es ist vollbracht [...]“** | **„[...] der Held aus Juda siegt mit Macht [...]“** |
|---|---|---|
| **Affekt** | | |
| **Instrumente/ Singstimme** | *Alt, begleitet von Continuo-Orgel und Viola da Gamba* | |
| **Tempo** | | |
| **Tonart/-geschlecht** | | |
| **Taktart** | | |
| **Grundrhythmus** | | *tänzerische Melodie in der Bassstimme* |
| **Melodik** | | |
| **Mein eigener Entwurf ähnelt diesem Abschnitt:** | ○ | ○ |

## Aufgabe 9

31

(→ SB, S. 107, A 7)

Du siehst rechts den Schlussakkord des Chorsatzes „Wir haben ein Gesetz“.

**a)** Benenne die Noten und notiere sie in der Grundform. Bestimme dann Grundton und Tongeschlecht.

Grundton: __________

Tongeschlecht: ____________________

(weitere Übung zu Dreiklangsumkehrungen siehe Seite 70)

**b)** Vergleiche den Schlussakkord mit der Grundtonart des Abschnittes auf Seite 107 im Schulbuch. Stelle Vermutungen an, warum Bach wohl diesen Schlussakkord gewählt hat.

_______________________________________________

_______________________________________________

_______________________________________________

_______________________________________________

## Aufgabe 10 33

(→ SB, S. 109, A 12)

Suche im Notentext im Schulbuch auf der Seite 109 nach Textstellen, die von Bach musikalisch ausgedeutet werden und trage sie in der Tabelle ein.

| Textstelle | musikalische Ausdeutung |
|---|---|
| | |
| | |
| | |
| | |
| | |

**Grundwissen aktiv**

### Formen im Oratorium und in der Passion

**Ergänze den Lückentext mithilfe der Informationen im Schulbuch auf den Seiten 106–109.**

Im Oratorium und in der Passion wird in verteilten Rollen eine ____________ Geschichte erzählt (in der Passion die ____________). Dabei werden verschiedene musikalische Formen verwendet. In der Arie wird eine ____________ Perspektive eingenommen. Die Texte sind oftmals ____________ ____________ . ____________ Einblicke werden durch musikalische ____________ ermöglicht. In Chorsätzen übernehmen die Sängerinnen und Sänger die Rolle des ____________ . Dem gegenüber stehen die ____________ . Hier wird die Sicht der ____________ dargestellt. Die Melodien entstammen bekannten ____________ , die vom Komponisten ausdrucksstark ____________ werden können. In den ____________ wird die Handlung vorangetrieben. Die Begleitung übernimmt oft das ____________ (Generalbass).

## [ Das habe ich in diesem Kapitel gelernt ]

| | Klar kann ich das! | Das gelingt mir weitgehend. | Das fällt mir noch schwer. |
|---|---|---|---|
| + die Stellung eines barocken Herrschers zu beschreiben | | | |
| + die Entwicklung des Konzertes darzustellen | | | |
| + Elemente barocker Affekte zu erkennen | | | |
| + Überlegungen zur Vertonung eines Arientextes anzustellen und diese mit dem Original zu vergleichen | | | |
| + das Wort-Ton-Verhältnis in einem Rezitativ darzustellen | | | |

## Wurzeln des Jazz 1: Spurensuche in Afrika

(→ SB, S. 116/117)

**! Grundwissen aktiv**

### Sklaverei im Dreieckshandel

Erkläre mithilfe des vorliegenden Belegungsplans des Schiffes „Brookes" und der Wissensbox auf der Seite 116 im Schulbuch den Stellenwert eines versklavten Menschen im sogenannten Dreieckshandel. Recherchiere dazu auch im Internet.

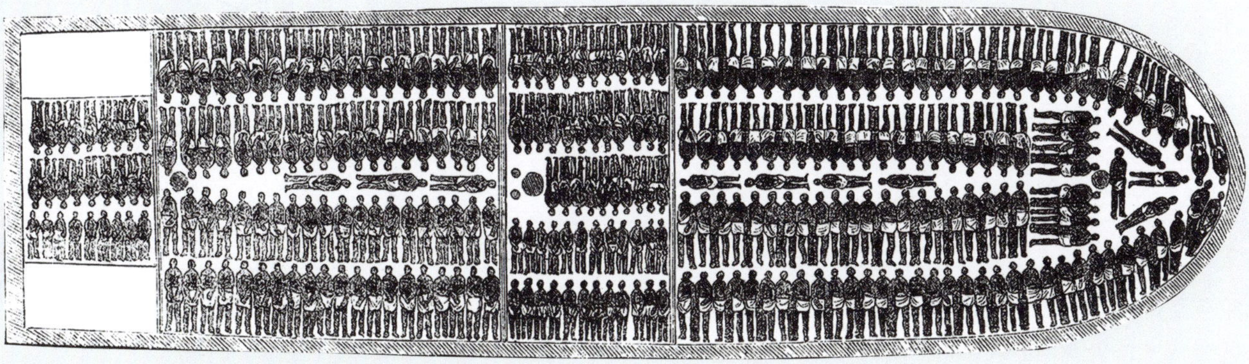

________________________________________

________________________________________

________________________________________

________________________________________

________________________________________

Erkläre, inwiefern dieser Dreieckshandel für die Entstehung des Jazz wichtig war.

________________________________________

________________________________________

**! Grundwissen aktiv**

### Internationale Akkordsymbole

Die amerikanische und deutsche Schreibweise von Notennamen und Akkordsymbolen unterscheidet sich in zwei Punkten. Ergänze die nachfolgenden Sätze mithilfe der Wissensbox im Schulbuch auf Seite 117.

1. Versetzungen werden durch ____________________ angezeigt.
2. Der Ton *H* heißt in der amerikanischen Schreibweise ________ .

   Der Ton *B* heißt in der amerikanischen Schreibweise ________ .

Benenne die Töne in deutscher und amerikanischer Schreibweise:

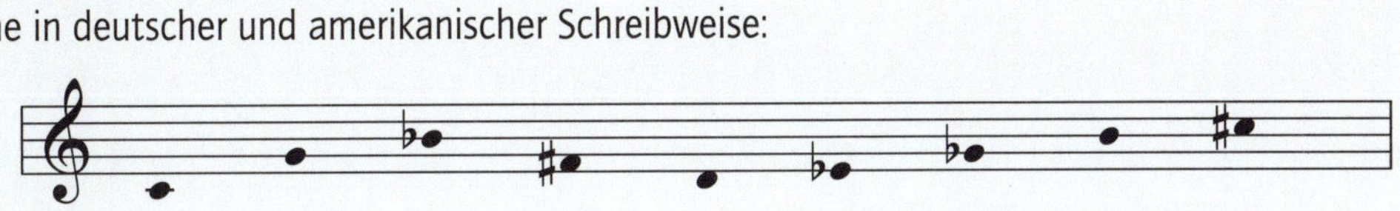

**deutsch:** ________________________________

**amerikanisch:** ________________________________

## Aufgabe 1

(→ SB, S. 117, A 4)

**a)** Improvisiere nach dem Call-&-Response-Prinzip mit Instrumenten und Stimme in den letzten beiden Takten jeder Zeile mit dem Tonvorrat des Liedes „Fine and Mellow“.
Orientiere dich dabei zunächst an den folgenden Beispielpatterns.

Tonvorrat „Fine and Mellow“

1

3

2

4

**b)** Notiere das Pattern, das deiner Meinung nach am besten passt.

**c)** Erweitere den Tonvorrat mit den Tönen der Bluestonleiter.

**! Grundwissen aktiv**

### Bluesschema und Bluestonleiter

Übertrage die Akkorde des Songs „Fine and Mellow“ (SB, S. 117) in die zweite Zeile der Tabelle (die Klammer 1 vor der Wiederholung weglassen!). Trage in die dritte Zeile die Stufen des Bluesschemas in römischen Ziffern ein.

| Takt | 1 | 2 | 3 | 4 | 5 | 6 | 7 | 8 | 9 | 10 | 11 | 12 |
|---|---|---|---|---|---|---|---|---|---|---|---|---|
| Akkorde | $F^7$ | | | | | | | | | | | |
| Stufe | I | | | | | | | | | | | |

Ergänze die nachfolgende D-Dur-Tonleiter so, dass aus ihr eine Bluestonleiter wird.

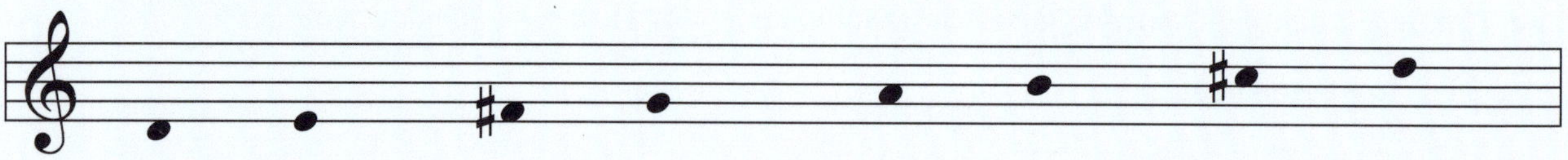

Ergänze die passenden Akkorde für einen Blues in D.

| Takt | 1 | 2 | 3 | 4 | 5 | 6 | 7 | 8 | 9 | 10 | 11 | 12 |
|---|---|---|---|---|---|---|---|---|---|---|---|---|
| Akkorde | | | | | | | | | | | | |

## All God's children got rhythm – Spiritual und Gospel

(→ SB, S. 118/119)

### Aufgabe 2

D 8

(→ SB, S. 118, A 2)

Stelle in der folgenden Tabelle gemeinsame und unterschiedliche Merkmale von Spirituals und Gospels dar.

| Merkmal | Spiritual | Gospel |
|---|---|---|
| Texte | | |
| Improvisation | | |
| ursprüngliche Begleitung | | |
| Rollen der Sängerinnen und Sänger | | |

### Aufgabe 3

D 11, 12

(→ SB, S. 119, A 7)

**a)** Vergleiche zwei verschiedene Aufnahmen von „Jesus's on the Main Line" miteinander. Gehe dabei vor allem auf Unterschiede im Arrangement ein.

**b)** Beschreibe die Wirkung des jeweiligen Arrangements und berücksichtige dabei die verschiedenen Musiziersituationen und mögliche Absichten der Ausführenden.

| | afroamerikanische Gemeinde | moderner Gospelchor |
|---|---|---|
| Ablauf | | |
| Verhältnis der Stimmen | | |
| Begleitung | | |
| Wirkung | | |
| Musiziersituation | | |
| mögliche Absicht | | |

## Wurzeln des Jazz 2: Spurensuche in Europa

(→ SB, S. 120/121)

### Aufgabe 4

(→ SB, S. 120, A 2)

Markiere und benenne Gemeinsamkeiten und Unterschiede eines europäischen Marsches und eines Ragtimes im jeweiligen Notentext.

**Radetzkymarsch** Musik: J. Strauß

**The Entertainer** Musik: S. Joplin

(weitere Übung zur Synkope siehe Seite 65)

### Aufgabe 5

(→ SB, S. 121, A 4)

Verknüpfe deinen Höreindruck des „Canal Street Blues" von King Oliver mit den Informationen über New Orleans im Schulbuch auf Seite 121 und fasse in der nachfolgenden Grafik afrikanische und europäische Einflüsse (vgl. SB, S. 116–120) sowie musikalische Eigenschaften des Old Time Jazz zusammen.

afrikanischer Einfluss:

europäischer Einfluss:

Old Time Jazz: „Canal Street Blues"

musikalische Eigenschaften:

## Jazzgeschichte unter der Lupe: vom Swing zum Bebop

(→ SB, S. 124/125)

### Aufgabe 6 D 23

(→ SB, S. 124, A 1)

Sieh dir das Bild der *Count Basie Big Band* im Schulbuch auf Seite 124 genau an, während du eine Aufnahme der Band hörst. Benenne nun die Anzahl der Musiker nach Instrumentengruppen und trage sie in die unten stehende Tabelle ein.

| | | | |
|---|---|---|---|
| | | | |
| | | | |
| | | Rhythmusgruppe | |

### Aufgabe 7

(→ SB, S. 125, A 4)

Vergleiche das Bild eines Bebop-Quintetts im Schulbuch auf Seite 125 mit dem der Big Band und ergänze die Tabelle.

| | **Besetzung** | **Auftrittsort** | **Gestaltung der Fotos** | **mögliches Publikum** |
|---|---|---|---|---|
| **Big Band** | Big-Band-Besetzung (siehe oben) | | | |
| **Bebop-Quintett** | | | | |

### Aufgabe 8 D 24, 25

(→ SB, S. 125, A 6)

Vergleiche die beiden Anfänge von Blues-Themen aus dem Swing („Swingin' the Blues") und dem Bebop („Au Privave"). Markiere, wenn möglich, Gemeinsamkeiten und Unterschiede auch in den Notenbeispielen.

**Swingin' the Blues**

Musik: C. Basie, E. Durham


**Au Privave**

Musik: Ch. Parker


| | **Rhythmik** | **Akkordfolgen** | **Tonvorrat** |
|---|---|---|---|
| **Swingin' the Blues** | | | |
| **Au Privave** | Phrasenenden auf dem Offbeat, | | |

## Let's jazz! Elemente des Jazz

(→ SB, S. 126/127)

**Aufgabe 9** 29–31

(→ SB, S. 127, A 2)

Vergleiche die drei Interpretationen von „Summertime" miteinander. Trage dazu in der Tabelle die jeweiligen Besonderheiten der Aufnahme ein.

| Interpret/ Interpretin | Improvisation | individueller Ausdruck | Timing | Besetzung |
|---|---|---|---|---|
| Ella Fitzgerald | | | | |
| Louis Armstrong | | | | |
| Joni Mitchell | | | | |

**! Grundwissen aktiv**

### Tonbildung im Jazz

**Höre dir das Lied „C'est si bon" von Louis Armstrong an. Ordne den markierten Textpassagen die passende Artikulationsmöglichkeit bzw. den passenden Effekt zu.**

C'est si bon, lovers say that in France
When they thrill to romance
It means that it's so good

Oh, c'est si <u>bon,</u> so I say it to you • ____________
Like the French people do, <u>because it's oh so</u> good • ____________

Every word, every sigh, <u>every kiss, dear</u> • ______ ______
Leads to <u>only</u> one thought • ____________
And it's <u>this,</u> dear! • ____________

It's so good, nothing else can replace
Just your slightest embrace
And if you only <u>would</u> • ____________
Be my own for the rest of my <u>days</u> • ____________
I will whisper this phrase
My darling, c'est si bon, oui, <u>oui.</u> • ____________

*Text: J. Seelen*

## Harmonie im Jazz: die II-V-I-Kadenz E

(→ SB, S. 128/129)

**Grundwissen aktiv**

### Septakkorde

Ein Septakkord entsteht, indem einem Dreiklang ein weiterer Ton im Abstand einer Terz hinzugefügt wird.

**Notiere über den unten stehenden Grundtönen Septakkorde in Terzschichtung.**
**Benenne den Grundton und bestimme das Tongeschlecht (Dur oder Moll).**

**[Tipp]** Im Schulbuch auf Seite 176 („Musiklehre kurz gefasst") kannst du nachschlagen, wie du Dur- und Moll-Dreiklänge bestimmst.

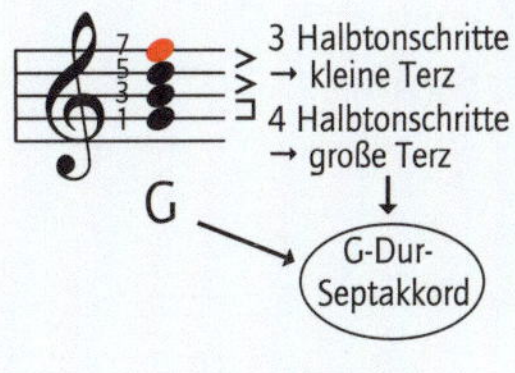

___

**Für Profis:** Je nachdem, ob ein Septakkord eine große oder kleine Septime hat, ändert sich der Klangcharakter. Einen C-Dur-Akkord mit großer Septime nennt man „C-Major-Akkord" (engl.: „groß") (Cmaj7). Dur-Septakkorde mit kleiner Septime heißen „Dominantseptakkord" (C 7).

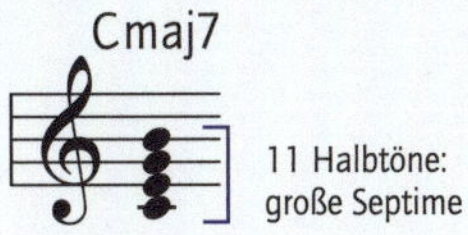


**Spiele die nebenstehenden Akkorde auf dem Klavier und beschreibe den klanglichen Unterschied.**

___

___

**Überprüfe in der obigen Notenzeile die Septakkorde und ergänze die richtige Bezeichnung für die Septime (7 oder maj7).**

(weitere Übung zu Akkordsymbolen siehe Seite 70/71)

## Aufgabe 10

(→ SB, S. 128, A 2)

**a)** Schreibe die beiden Melodien aus dem Schulbuch auf Seite 128 unten in die obere Zeile des Notensystems. Ergänze dann in der unteren Zeile den jeweiligen Grundton des Akkordes.

**b)** Notiere in den Kästchen über den Akkordsymbolen die Intervalle der Töne im Verhältnis zum Grundton als Zahl.

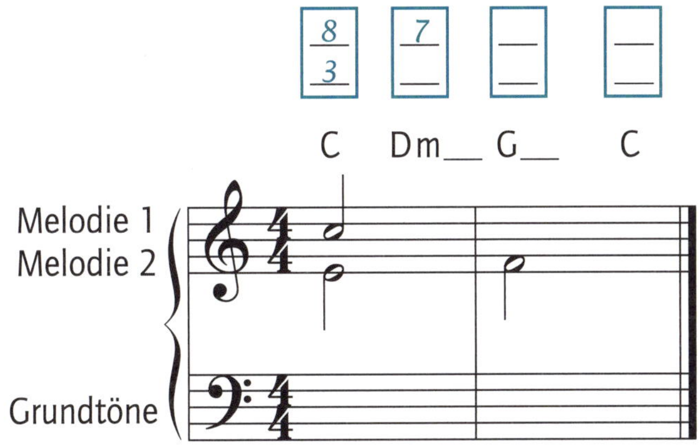


**c)** Ergänze fehlende Details bei den Akkordsymbolen und erkläre mithilfe der Wissensbox im Schulbuch auf Seite 128 die besondere Wirkung des Dominantseptakkordes im zweiten Takt. Verdeutliche deine Beobachtungen durch entsprechende Eintragungen im Notentext.

___

___

___

## Aufgabe 11

(→ SB, S. 128, A 3)

**Für Profis:** Untersuche den harmonischen Verlauf im B-Teil von „I'm Be-boppin', Too".

**a)** Notiere für jeden Takt die Akkordbezeichnung und den Grundton.

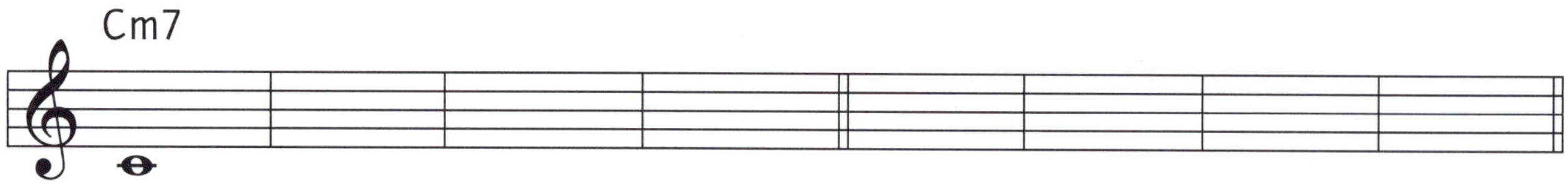


**Stufe:** ____________________________________________

**b)** Betrachte nun die ersten vier Takte und die letzten vier Takte. Beschreibe, welche Regelmäßigkeit sich bei den Akkordfolgen feststellen lässt.

____________________________________________

**c)** Fasse mithilfe der Infobox auf Seite 129 im Schulbuch und deinen Ergebnissen aus den Aufgaben a) und b) das harmonische Geschehen im B-Teil von „I'm Be-boppin', Too" zusammen. Ergänze die Stufen in der obigen Notenzeile.

____________________________________________

____________________________________________

## Aufgabe 12

(→ SB, S. 129)

Der Name der II-V-I-Kadenz bezieht sich auf die Abfolge der Akkorde der II., V. und I. Stufe einer Tonart.

**a)** Notiere eine F-Dur-Tonleiter und markiere die II., V. und I. Stufe.

**b)** Bilde auf diesen Stufen jeweils einen Septakkord aus dem Tonvorrat von F-Dur und ergänze darüber die passende Akkordbezeichnung.

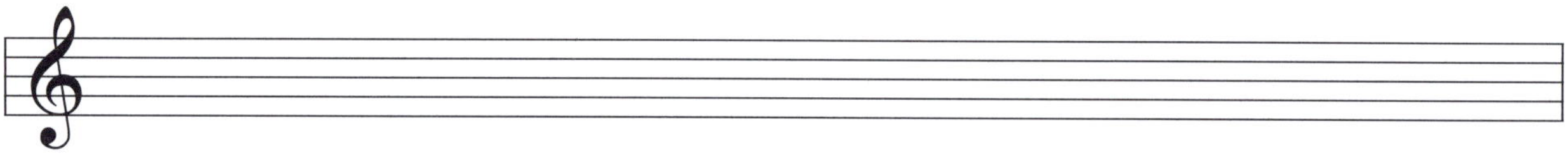

I. II. III. IV. V. VI. VII. VIII.

**c)** Bringt man die Grundtöne der jeweiligen Stufen in die Abfolge II – V – I, wird ein wichtiger Zusammenhang deutlich. Benenne die Intervalle, die sich bei der Fortschreitung von einem zum nächsten Ton ergeben und ergänze den Lückentext.

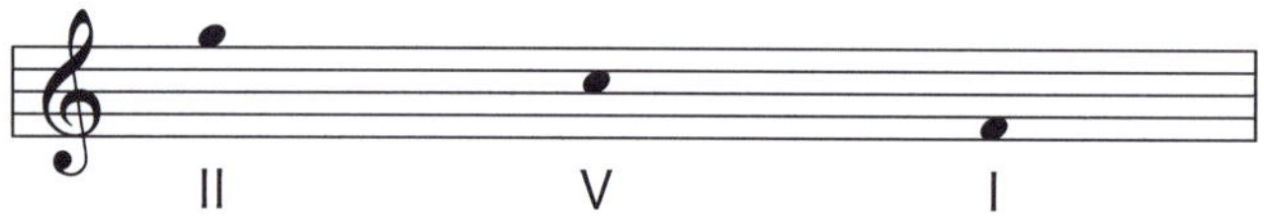


____________ ____________

Ein ____________ fall hat eine starke Schlusswirkung. Hier finden sich sogar ____________ ____________ .

Damit ____________ sich die Schlusswirkung innerhalb der II-V-I-Kadenz zusätzlich.

(weitere Übung zur II-V-I-Kadenz siehe Seite 71)

## Miles Davis – ein Meilenstein der Jazzgeschichte

(→ SB, S. 130/131)

### Aufgabe 13

(→ SB, S. 131)

Du siehst im Folgenden die Kirchentonarten (Modi) abgebildet. Diese unterscheiden sich in ihrem Aufbau von den dir bekannten Dur- und Moll-Tonleitern durch die unterschiedliche Lage der Halb- und Ganztonschritte.

**a)** Markiere in den folgenden Modi die charakteristischen Halbtonschritte (alle anderen Schritte sind Ganztonschritte).

Ionisch (= Dur) | Dorisch

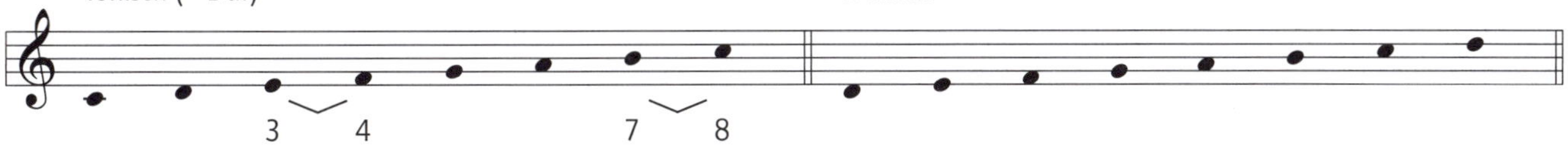


**Klangcharakter:** ______________________ **Klangcharakter:** ______________________

Phrygisch | Lydisch

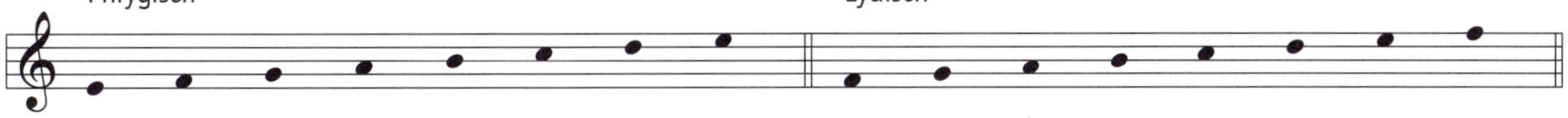

**Klangcharakter:** ______________________ **Klangcharakter:** ______________________

Mixolydisch | Äolisch (= Moll)

**Klangcharakter:** ______________________ **Klangcharakter:** ______________________

**b)** Spiele die Modi auf einem Instrument und bestimme den Klangcharakter (z. B. „schwebend", „stabil").

**c)** Bestimme den Modus in den folgenden Beispielen. Bestimme dazu die Lage der Halbtonschritte und den Grundton. Überprüfe dein Ergebnis auch hörend, indem du die Modi spielst und mit den benannten klanglichen Eigenschaften vergleichst.

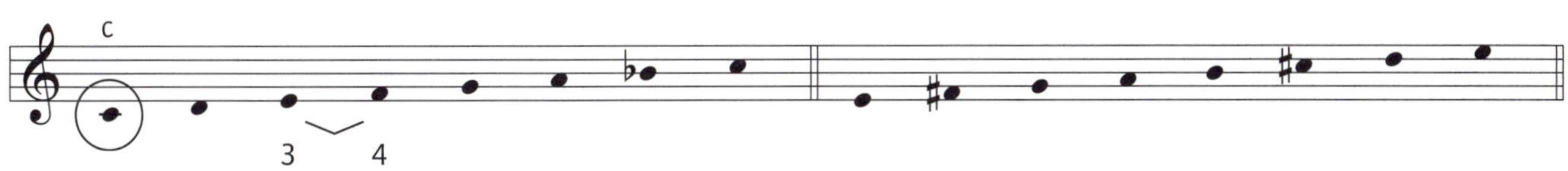


______________________ ______________________

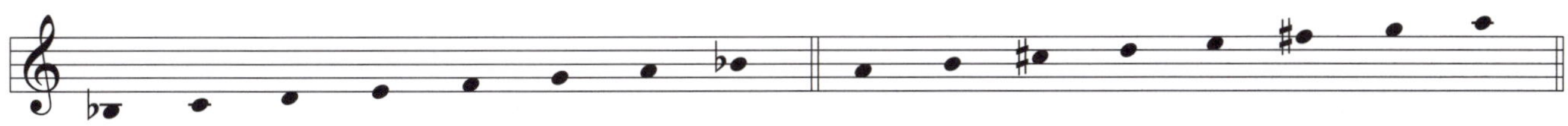

______________________ ______________________

## Jazz meets Classic meets Jazz

(→ SB, S. 132/133)

### Aufgabe 14

47–51

(→ SB, S. 132, A 2)

Höre dir fünf Ausschnitte aus „Die Erschaffung der Welt" an. Verbinde jeweils das Hörbeispiel mit den vorkommenden Jazzelementen, den Elementen europäischer Kunstmusik und dem passenden Partiturausschnitt.

| HB | Jazzelemente | Elemente europäischer Kunstmusik | Partiturausschnitt |
|---|---|---|---|
| 1 ○ | ○ synkopierte Phrasen, riffartige Begleitung ○ | ○ ungeswingte Achtel ○ | ○ Musik: D. Milhaud © Eschig/Ricordi 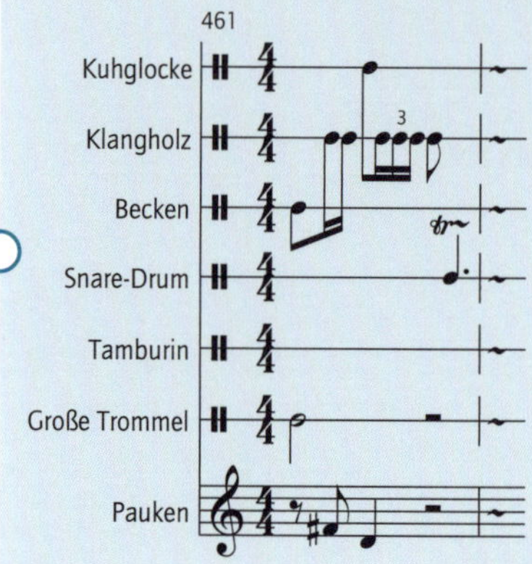 |
| 2 ○ | ○ Percussion im Vordergrund, bluesartig abfallende Phrasen der Trompete, Shout-chorus-Wirkung ○ | ○ ungeswingte Achtel ○ | ○  |
| 3 ○ | ○ Synkopen in den Klarinetten ○ | ○ Verwendung der Oboe ○ | ○  |
| 4 ○ | ○ bluesartige Melodie ○ | ○ kein Jazzschlagzeug, sondern orchestrales Schlagwerk ○ | ○  |
| 5 ○ | ○ Saxofon und Trompete, Gegenstimmen in der Posaune, Synkopen ○ | ○ eher romantische Harmonik ○ | ○  |

## Aufgabe 15

52, 53

(→ SB, S. 133, A 4/6b)

**a)** Höre dir das Thema des Stückes „Versailles" mehrmals an. Erstelle anschließend eine Übersicht des Einsatzes der Instrumente, die dieses Thema der Reihe nach spielen. Kreuze dazu die entsprechenden Kästchen an.

**Versailles**

Musik: J. Lewis
© MJQ/Essex

| Themeneinsatz | 1 | 2 | 3 | 4 | 5 | 6 |
|---|---|---|---|---|---|---|
| Klavier | | | | | | |
| Vibrafon | | | | | | |
| Bass | | | | | | |

**b)** Formuliere mithilfe der Informationen im Schulbuch auf Seite 133 einen Text zur Frage, warum das *Modern Jazz Quartet* als Grenzgänger zwischen Jazz und Klassik bezeichnet werden kann. Beziehe dabei auch den Namen der Gruppe und das Hörbeispiel mit ein.

## [ Das habe ich in diesem Kapitel gelernt ]

| | Klar kann ich das! | Das gelingt mir weitgehend. | Das fällt mir noch schwer. |
|---|---|---|---|
| + einen Blues zu improvisieren | | | |
| + Merkmale von Spirituals und Gospels miteinander zu vergleichen | | | |
| + verschiedene Einflüsse auf den Old Time Jazz herauszufinden | | | |
| + die Stile Swing und Bebop einander gegenüberzu-stellen | | | |
| + Besonderheiten verschiedener Interpretationen herauszuhören | | | |
| + ein Jazzstandard harmonisch zu untersuchen | | | |
| + Kirchentonarten (Modi) zu bestimmen | | | |
| + Jazzelemente in der europäischen Kunstmusik zuzuordnen | | | |
| + Elemente europäischer Kunstmusik im Jazz zu bestimmen | | | |

## Auf dem Vulkan tanzen: Aufbruch in die Moderne

(→ SB, S. 136/137)

### Aufgabe 1

56, 57

(→ SB, S. 137, A 3)

Ordne folgende Merkmale jeweils einem der beiden Klavierstücke im Schulbuch auf Seite 137 zu, indem du sie in der passenden Farbe (Schönberg: grün, Brahms: orange) markierst.

- Akkorde weder Dur noch Moll
- klare Tonalität: g-Moll
- Moderne
- geprägt von Dur- und Moll-Dreiklängen
- Metrum klar zu hören
- dissonante Klänge
- keine klar erkennbare Melodie
- Struktur: Melodie und Begleitung
- nach neun Takten zu Ende
- keine Periodik oder ähnliche Formgestaltung
- überschaubare rhythmische Gestaltung (überwiegend Achtel und Viertel)
- Grundton fehlt
- 4/4-Takt vorgegeben, aber beim Hören nicht erkennbar
- Romantik

## „luft von anderem planeten": die Auflösung der Tonalität

(→ SB, S. 138/139)

### Aufgabe 2

(→ SB, S. 139, A 4)

**a)** Finde im Notat unten die Melodie von „O du lieber Augustin" (s. SB, S. 138). Markiere, wo längere Passagen der Melodie erklingen und wo Teile davon abgespalten sind.

**2. Streichquartett, opus 10, 2. Satz (Auszug)**

**b)** Zur Begleitung der Melodie verwendet Schönberg eine volkstümliche Länderbegleitung mit betontem Basston und Nachschlägen sowie Elemente eines alpenländischen Jodlers (s. Notat rechts). Markiere beide Elemente in der Partitur des Streichquartetts.

**Alpenländischer Jodler**

Musik: überliefert

**c)** Markiere rot in der ersten Zeile, wo die 1. Violine tonartfremde Töne spielt, und notiere, warum Schönberg diese Töne wohl verwendet.

___

___

**d)** Höre das Hörbeispiel an und überlege, unter Einbezug deiner Analyseergebnisse, warum Schönberg diese bekannte Melodie in seiner Komposition derart stark verändert hat. Beziehe auch den Text des zugrundeliegenden Liedes („alles ist hin") in deine Überlegungen mit ein. E 2

___

___

___

___

___

___

## Aufgabe 3

(→ SB, S. 139, A 5)

**a)** Versetze dich mithilfe der folgenden Rollenkarten in einen (fiktiven) Charakter hinein, der beim sogenannten „Watschenkonzert" dabei gewesen sein könnte.

**b)** Spiele anschließend zusammen mit anderen Charakteren eine Begegnung nach dem Konzert nach.

**Arnold Schönberg**
Du fühlst dich für den Erfolg des Konzertes verantwortlich und hast daher die anstrengenderen Stücke an den Anfang gesetzt. Das Verhalten der Anwesenden hat deine Künstlerehre gekränkt, sodass du am liebsten jeden Ruhestörer mit Anwendung der öffentlichen Gewalt hättest abführen lassen wollen.

**Musiker bzw. Musikerin I**
Du bist von der Musik Schönbergs und seiner Schüler überzeugt. Das alte Repertoire langweilt dich, da du es schon hunderte Male gespielt hast. Für dich steht fest: Musik soll aufrütteln, nicht einschläfern!

**Komponist Oscar Straus**
Du empfindest es als eine Frechheit, so etwas als „Musik" zu bezeichnen. Die sogenannten „Komponisten" haben ja keine Ahnung von Harmonien und Rhythmus, von Instrumentation und Satztechnik. Musik muss verständlich sein, nicht ein solches Kauderwelsch!

**Musiker bzw. Musikerin II**
Du hast bei dem Konzert mitgespielt, weil du das Geld für die nächste Monatsmiete noch nicht zusammen hast. Eigentlich hättest du lieber mal wieder etwas Gefälliges wie ein paar Walzer von Strauss oder eine Sinfonie von Mozart gespielt.

**Konzertbesucher bzw. Konzertbesucherin**
Vieles war neu und fremdartig für dich in diesem Konzert und du hättest gerne auch mal eine Melodie zum Erinnern gehört. Allerdings findest du, dass die Musikerinnen und Musiker zumindest den Respekt verdient haben, dass man ihnen zuhört und distanzierst dich vom Verhalten anderer Konzertbesucherinnen und Konzertbesucher. Hinterher kann man ja immer noch Kritik äußern.

## Auf dem Weg zu neuen Ordnungen …

(→ SB, S. 140/141)

### Aufgabe 4

(→ SB, S. 140)

Anton Weberns Orchesterstück op. 10, Nr. 4 ist hier auf drei Zeilen zusammengefasst (in einem sogenannten „Particell").

**a)** Beschrifte mithilfe der Partitur im Schulbuch auf Seite 140 im Particell, an welchen Stellen welche Instrumente spielen. Beachte, dass in einem Particell die Töne der transponierenden Instrumente in *C* notiert sind (s. SB, S. 69).

**Orchesterstück op. 10, Nr. 4** E 4

Musik: A. Webern

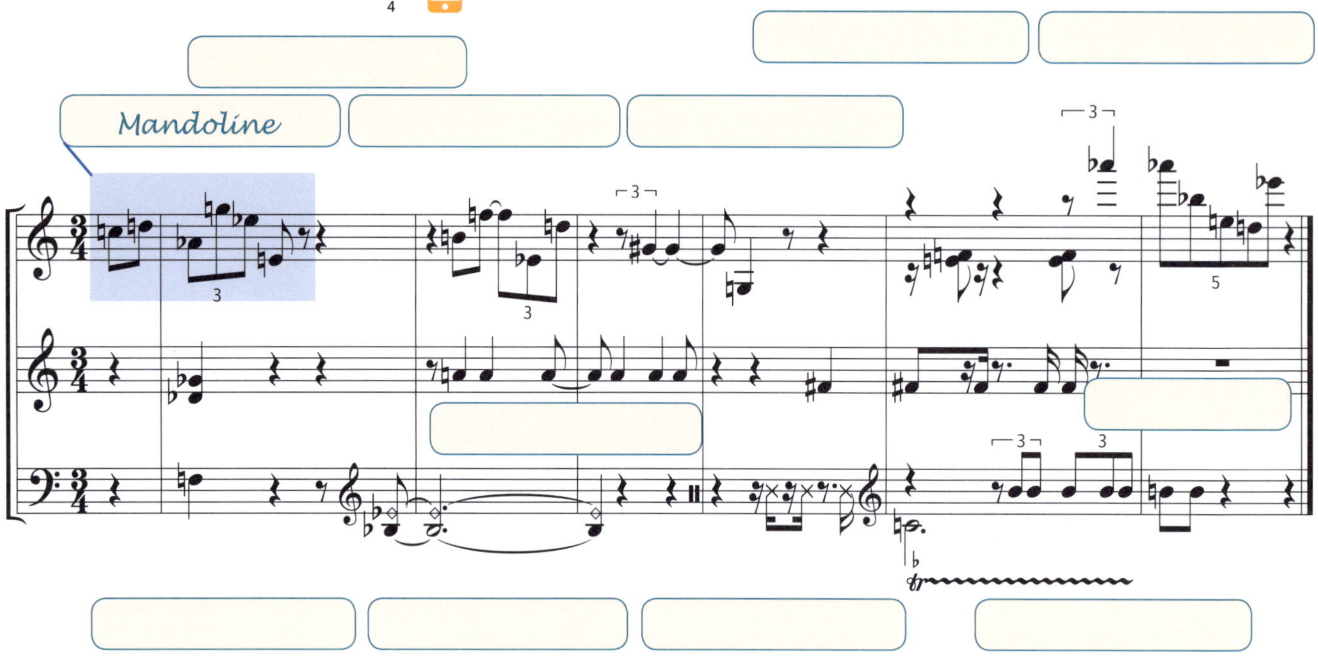


**b)** Verfolge anhand des Particells den Ablauf des Stückes Note für Note und streiche die entsprechenden Kästchen mit den Notennamen der zwölf Töne der chromatischen Tonleiter in der nachfolgenden Tabelle ab. Ziehe anschließend im Notentext einen grünen Rahmen um das Feld, das zu Beginn die zwölf verschiedenen Töne umfasst.

| *c* | *cis/des* | *d* | *dis/es* | *e* | *f* | *fis/ges* | *g* | *gis/as* | *a* | *ais/b* | *h* |
|---|---|---|---|---|---|---|---|---|---|---|---|

**[Tipp]** In der Stimme der Viola wird die sogenannte Flageolettnotation verwendet. Die erklingenden Töne heißen beide *b*.

### Aufgabe 5

(→ SB, S. 141, A 6a)

**a)** Notiere die Zwölftonreihe, die Bergs Violinkonzert zugrunde liegt (s. SB, S. 141).

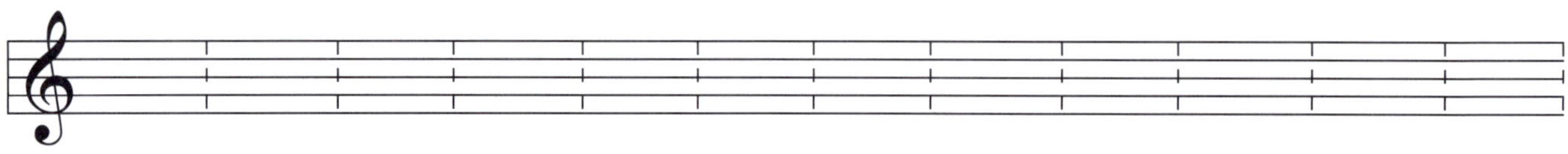

**b)** Die Reihe ist insofern keine typische Zwölftonreihe, als sie Kennzeichen tonaler Musik (z. B. Dreiklänge, Ganztonreihe) aufweist. Markiere und beschrifte diese tonalen Elemente und Zusammenhänge im Notentext.

## Aufgabe 6

(→ SB, S. 141)

Alban Berg pflegte Symbole und kleine geheime Geschichten in seine Musik zu weben. Im 2. Satz seines Konzertes erklingt ein Ausschnitt des Chorals „Es ist genug" von Johann Sebastian Bach.

**Es ist genug**

Musik: J. S. Bach

**a)** Beschreibe den Melodieverlauf des Chorals bis zur ersten Fermate und vergleiche ihn mit der Zwölftonreihe bei Berg. Trage den Gesangstext „Es ist genug" an der passenden Stelle in der Zwölftonreihe von Aufgabe 5 ein.

______________________________________________

______________________________________________

**b)** Überlege, warum Berg das Choralzitat in seiner Komposition verwendet hat. Gehe dabei auf musikalische und thematische Aspekte ein.

**musikalische Aspekte:** ______________________________

______________________________________________

**thematische Aspekte:** ______________________________

______________________________________________

______________________________________________

## Aufgabe 7

(→ SB, S. 141, A 6b)

**a)** Notiere die Töne der Geigensaiten. Recherchiere bei Bedarf im Musikraum oder im Internet.

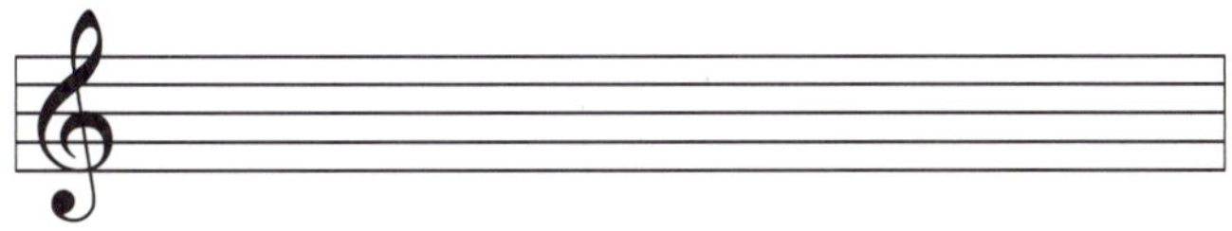

**b)** Beschreibe, wie Alban Berg mit der Zwölftonreihe in der Solovioline umgeht. Beziehe auch dein Ergebnis aus Aufgabe a) ein.

**Solovioline (aus: Violinkonzert)**

Musik: A. Berg

______________________________________________

______________________________________________

______________________________________________

**Grundwissen aktiv**

## Von der Tonalität zur Zwölftontechnik

**a)** Erstelle mithilfe der Wissensboxen im Schulbuch auf den Seiten 137 und 141 und der unten stehenden Tabelle einen Überblick über die Entwicklung von der Tonalität hin zur Zwölftontechnik.

| | Tonalität | Atonalität | Dodekafonie |
|---|---|---|---|
| **Zeit** | ca. 1600 bis heute | | |
| **Harmonik** | | | |
| **Melodik bzw. kompositorische Grundsätze** | | | |
| **wichtige Vertreter** | | | |

**b)** Ordne die folgenden Notenausschnitte jeweils dem richtigen musikalischen Stil zu.

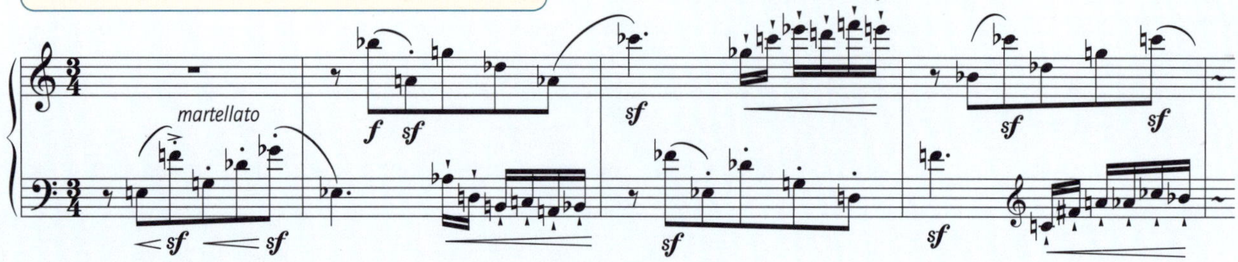

## Der Eindruck des Augenblicks: Impressionismus

(→ SB, S. 142/143)

### Ausschnitte aus „Nuages" von Claude Debussy

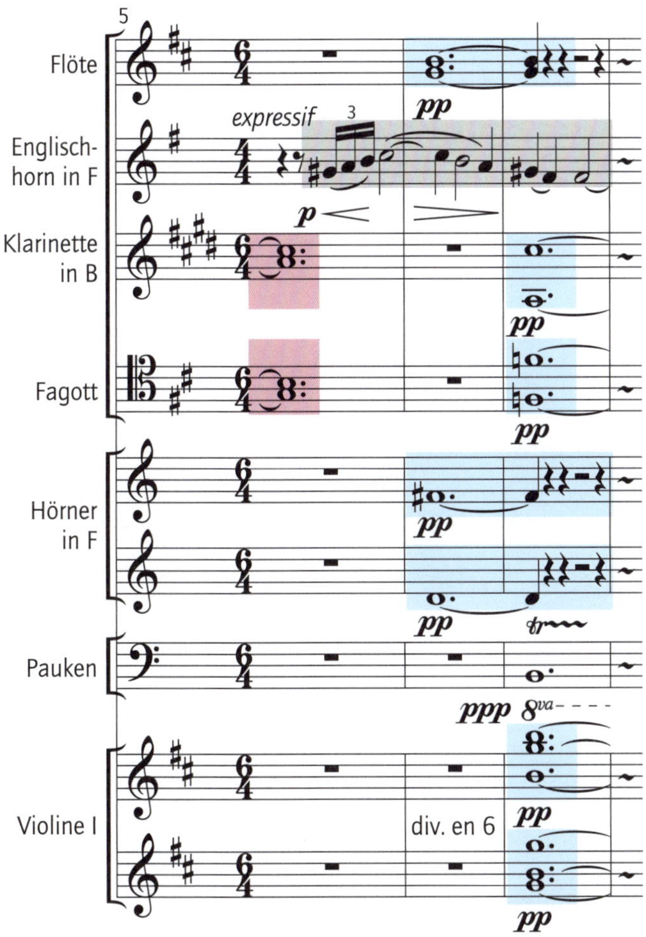


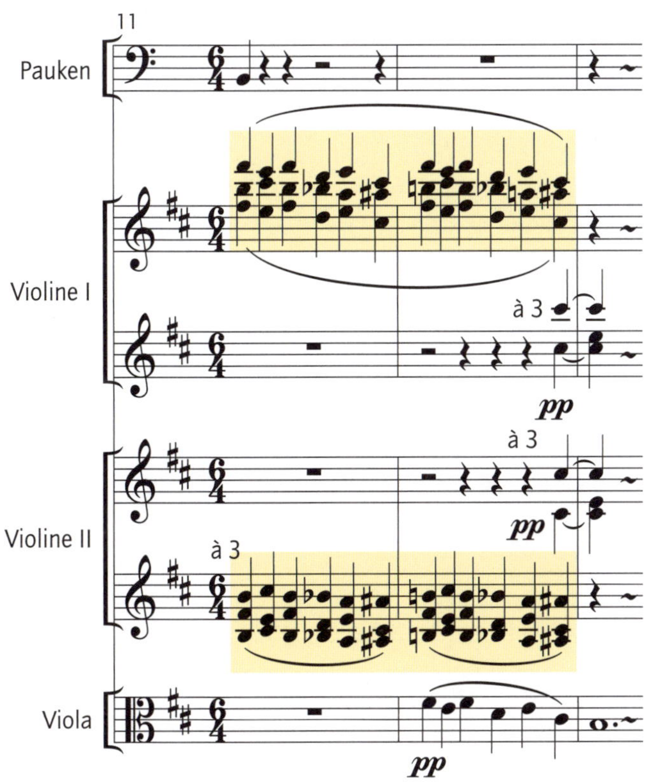


### Aufgabe 8

(→ SB, S. 143, A 4)

Ordne den markierten Stellen in den Partiturausschnitten aus Claude Debussys „Nuages" die im Schulbuch auf Seite 143 stehenden musikalischen Merkmale zu.

**[Tipp]** Es sind mehrere Merkmale pro Kästchen möglich.

## Rhythmische Urgewalten: Le sacre du printemps

(→ SB, S. 144/145)

### Aufgabe 9

(→ SB, S. 144, A4)

**a)** Höre dir den „Tanz der Jünglinge" an und kreuze zutreffende Aussagen an.

- ☐ Die Musik wirkt wild, gleichzeitig aber auch beschwörend.
- ☐ Einprägsame Melodielinien prägen die Musik.
- ☐ Zunächst findet keine thematische Entwicklung statt.
- ☐ Kadenzen und Dur-Dreiklänge prägen die harmonische Entwicklung.
- ☐ Streichinstrumente werden wie Schlaginstrumente benutzt.
- ☐ Zentrales Element ist ein feuriger Rhythmus mit Akzentverschiebungen.
- ☐ Die Blechbläser verstärken die Akzente.
- ☐ Das musikalische Geschehen entwickelt sich auf einen Höhepunkt zu.

**b)** Höre dir mehrmals das Beispiel an und ergänze die fehlenden rhythmischen Akzente.

### Aufgabe 10

(→ SB, S. 145, A 6)

Strawinsky baut seine Musik oft in Schichten auf. Verfolge die Partitur des „Danse sacrale: Le sacrifice" im Schulbuch Seite 145 mithilfe des Hörbeispiels und definiere die einzelnen Schichten. Benenne dazu die jeweiligen Instrumente, die Spielweisen bzw. was die Instrumente jeweils spielen.

| | Instrumente | Spielweisen |
|---|---|---|
| **Schicht 1** | | |
| **Schicht 2** | | |
| **Schicht 3** | | |

## Die Háry-János-Suite oder: Wie komponiert man ein Niesen?

(→ SB, S. 146/147)

### Aufgabe 11

11–13

(→ SB, S. 146, A 3)

Ordne den drei Hörbeispielen in der unten stehenden Tabelle jeweils eine im Schulbuch auf Seite 146 abgedruckte kurze Beschreibung und ein Notenbeispiel zu. Begründe deine Zuordnung unter Verwendung musikalischer Merkmale.

| HB | Beschreibung | Notenbeispiel | Begründung |
|---|---|---|---|
| 1 | | | |
| 2 | | | |
| 3 | | | |

### Aufgabe 12

14

(→ SB, S. 147, A 5)

Erstelle mithilfe der unten stehenden Tabelle einen Ablaufplan zum 5. Satz „Intermezzo".

| Teil | | | |
|---|---|---|---|
| rhythmische Gestaltung | | | |
| Instrumentation | | | |
| Wirkung | | | |

## [ Das habe ich in diesem Kapitel gelernt ]

| | Klar kann ich das! | Das gelingt mir weitgehend. | Das fällt mir noch schwer. |
|---|---|---|---|
| + Merkmale aus Romantik und Moderne richtig zuzuordnen | | | |
| + Merkmale atonaler Musik in verschiedenen Stücken zu erkennen | | | |
| + in einem Rollenspiel die Situation nach dem sogenannten „Watschenkonzert" nachzuspielen | | | |
| + Elemente von Zwölftonmusik und tonaler Musik in Alban Bergs Violinkonzert nachzuweisen | | | |
| + einen Überblick von der Tonaliät hin zur Dodekafonie zu erstellen | | | |
| + impressionistische Merkmale in einer Partitur zu erkennen | | | |
| + rhythmische und weitere Elemente in „Le sacre du printemps" zu bestimmen | | | |
| + programmatische Züge und Besonderheiten im Ablauf in der „Háry-János-Suite" zu beschreiben | | | |

## Urban Dance Styles

(→ SB, S. 156/157)

### Aufgabe 1

(→ SB, S. 157, A 7)

Sieh dir Videos zu den beiden Tanzstilen „Clowning“ und „Krumping“ im Internet an und benenne Gemeinsamkeiten und Unterschiede. Trage diese in die folgende Tabelle ein.

| | Clowning | Krumping |
|---|---|---|
| Unterschiede | | |
| Gemeinsamkeiten | | |

## Tango

(→ SB, S. 158/159)

### Aufgabe 2

(→ SB, S. 159, A 3)

Stelle mithilfe der Videos Unterschiede zwischen den beiden Tanzstilen „Standard-Tango“ und „Tango Argentino“ in der folgenden Tabelle gegenüber.

| | Schrittfolgen | Kleidung | Körperhaltung | Verhältnis Tanz vs. Musik |
|---|---|---|---|---|
| Standard-Tango | | | | |
| Tango Argentino | | | | |

### Aufgabe 3

(→ SB, S. 158, A 1)

**a)** Notiert die Akkordtöne der am Beginn von „La cumparsita“ vorkommenden Akkorde.

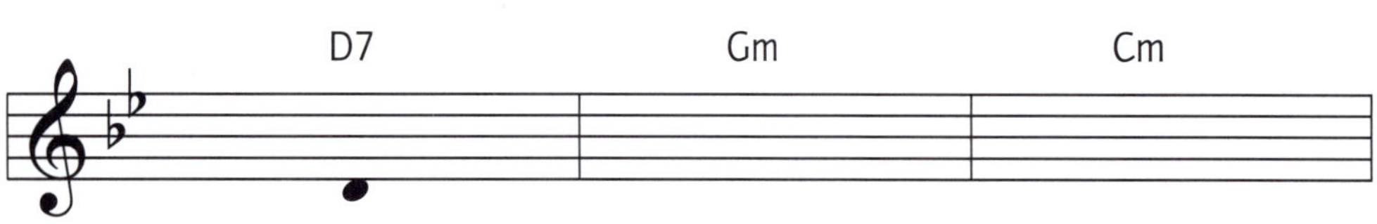

**b)** Erstellt aus den Akkordtönen vier Begleitstimmen. Beachtet dabei folgende Kriterien:

- Alle Akkordtöne sollen verwendet werden.
- Die melodische Bewegung soll möglichst gering sein.
- Septimen sollen möglichst nach unten führen.
- Die Oktavlage spielt keine Rolle.

Musik: G. M. Rodríguez

**c)** Spielt nun das Arrangement. Verteilt die Begleitstimmen auf geeignete Klasseninstrumente. Achtet dabei darauf, dass in manchen Stimmen Versetzungszeichen gespielt werden und nicht alle Instrumente diese spielen können. Nutzt zur Begleitung ein rhythmisches Pattern (s. Beispiel). Die Melodie und die Bassstimme übernehmen Profis.

**Begleitpattern**

### Aufgabe 4 26–28

(→ SB, S. 159, A 5b)

Höre dir die verschiedenen Tangos an und stelle die Eigenschaften der Stücke in der folgenden Tabelle dar.

| | Orquesta típica: „La cumparsita" | Astor Piazzolla: „Fuga y misterio" | Gotan Project: „Santa María (del Buen Ayre)" |
|---|---|---|---|
| **Besetzung** | | | |
| **rhythmische Gestaltung** | | | |
| **melodische Gestaltung** | | | |
| **Funktion der Musik** | | | |

## Zeitgenössisches Ballett – schon über 100 Jahre alt

(→ SB, S. 163)

### Aufgabe 5

(→ SB, S. 163, A 2)

Sieh dir die drei Videoausschnitte aus unterschiedlichen Ballettproduktionen an.

**a)** Fülle dabei eine von dir gewählte Spalte in der folgenden Tabelle aus.

**b)** Ergänze mithilfe der Beobachtungen deiner Mitschülerinnen und Mitschüler die weiteren Spalten.

| | zugrundeliegende Musik | erkennbare Elemente des klassischen Balletts | Mittel des Ausdruckstanzes |
|---|---|---|---|
| **Beispiel 1 (Choreografie: Sidi Larbi Cherkaoui und Jeroen Verbruggen)** | | | |
| **Beispiel 2 (Choreografie: Maurice Béjart)** | | | |
| **Beispiel 3 (Choreografie: Akram Khan)** | | | |

## Tanzprojekt

(→ SB, S. 164–167)

### Aufgabe 6 E 35

(→ SB, S. 167)

Höre dir das Stück mehrmals an und verfolge in der Tabelle die Abfolge der Formteile.
Bestimmt als Gruppe, in welchem Abschnitt welcher Choreografiebaustein verwendet werden soll und wo selbst erfundene Bewegungen oder freie Teile zum Einsatz kommen. Achtet dabei auf die unterschiedlichen Längen der vorgegebenen Bausteine. Präge dir den Ablauf gut ein, damit der Übergang zwischen den einzelnen Bausteinen gut gelingt!

| Formteil | Choreografie |
|---|---|
| **Intro**<br>12 Takte | |
| **Refrain**<br>4 x 4 Takte<br>1 x 1 Takt | |
| **Strophe A 1**<br>8 Takte | |
| **Strophe A 2**<br>9 Takte | |
| **Refrain**<br>4 x 4 Takte | |
| **Interlude**<br>4 Takte | |
| **Strophe B**<br>12 Takte | |
| **Refrain**<br>4 x 4 Takte | |
| **Ending**<br>2 Takte | |

frei = freie Tanzgestaltung,
1–3 = Figur 1–3

## [ Das habe ich in diesem Kapitel gelernt ]

| | Klar kann ich das! | Das gelingt mir weitgehend. | Das fällt mir noch schwer. |
|---|---|---|---|
| + die Tanzstile „Crowning" und „Krumping" einander gegenüberzustellen | | | |
| + eine Tangobegleitung zu arrangieren | | | |
| + zwei Tangotanzstile und mehrere Tangostücke miteinander zu vergleichen | | | |
| + Elemente des klassischen Balletts und des Ausdruckstanzes in verschiedenen Choreografien zu bestimmen | | | |
| + eine eigene Choreografie zu erstellen | | | |

Erklärungen und Definitionen zu grundlegenden Begriffen findest du im Schulbuch in der „Musiklehre kurz gefasst" auf den Seiten 168–178.

## Aufgabe 1 E

(➜ SB, S. 168/169: 1. Grundbeat – Takt – Notenwerte – Rhythmus)

Benenne alle im folgenden Lied vorkommenden Notenwerte und markiere jeweils eine Note pro Notenwert.

### Summertime

Text: I. Gershwin, E. D. Heyward
Musik: G. Gershwin


Slow Swing

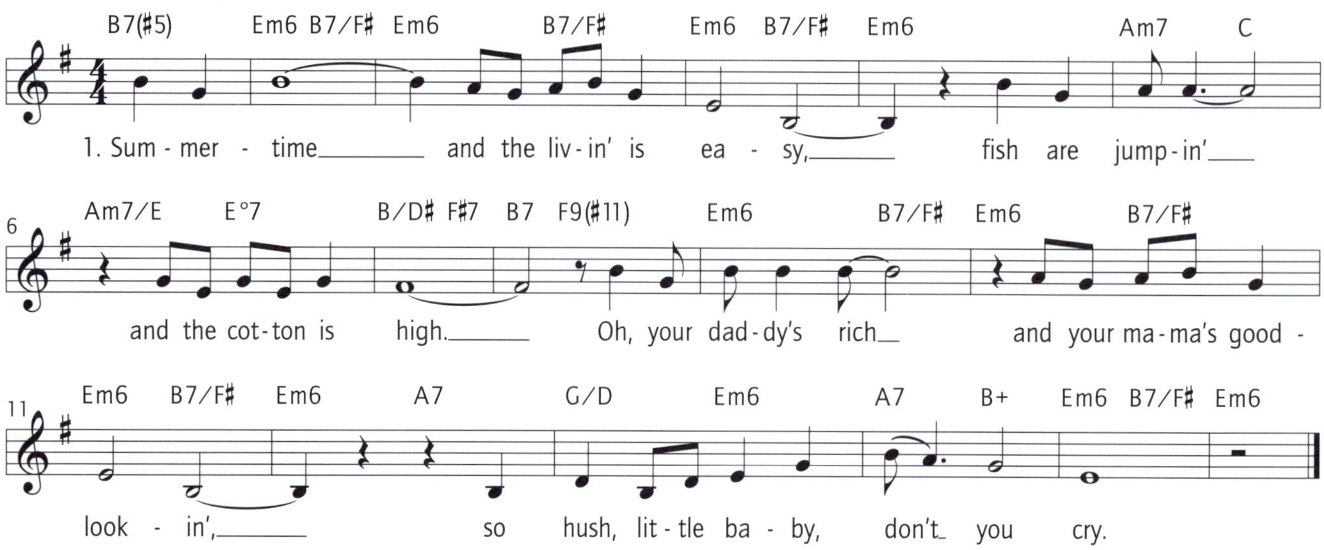


## Aufgabe 2

(➜ SB, S. 168/169: 1. Grundbeat – Takt – Notenwerte – Rhythmus)

Vervollständige die folgenden Takte mit jeweils einer Note.

1

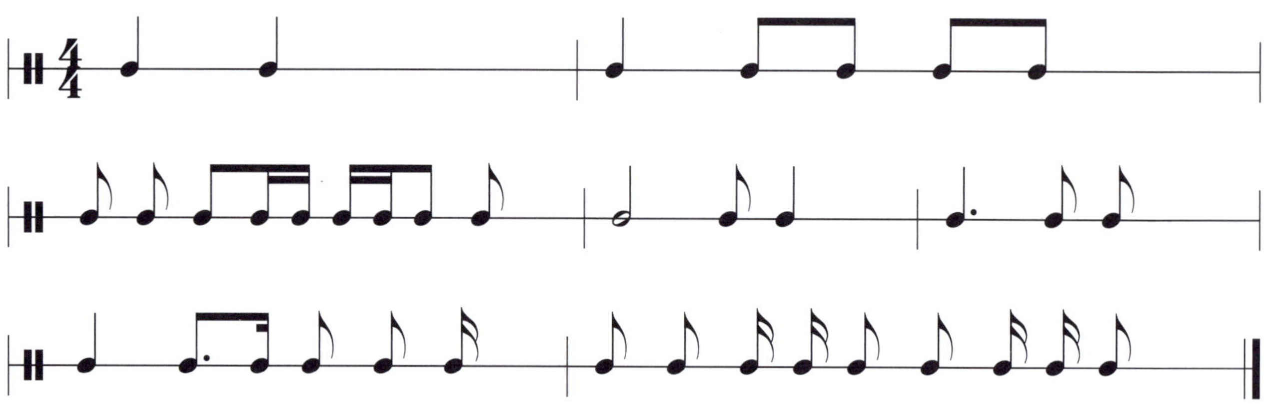

2

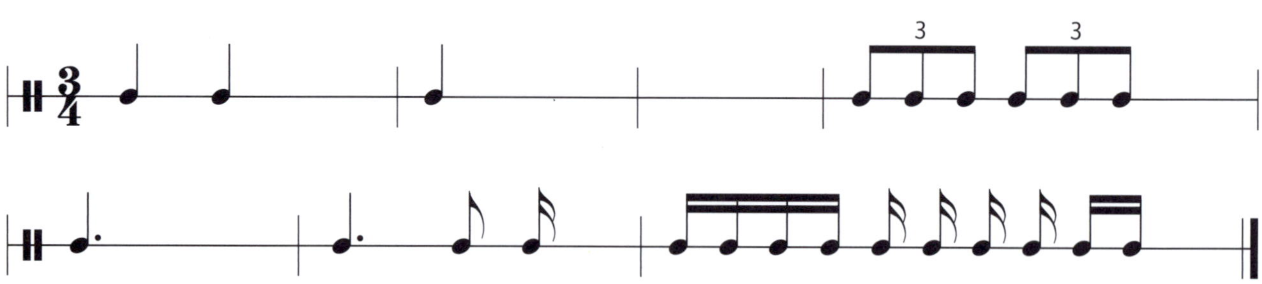

## Aufgabe 3

(→ SB, S. 168/169: 1. Grundbeat – Takt – Notenwerte – Rhythmus)

Notiere die erste Zeile von „Jesus's on the Main Line" (SB, S. 119) **ohne** Synkopen.

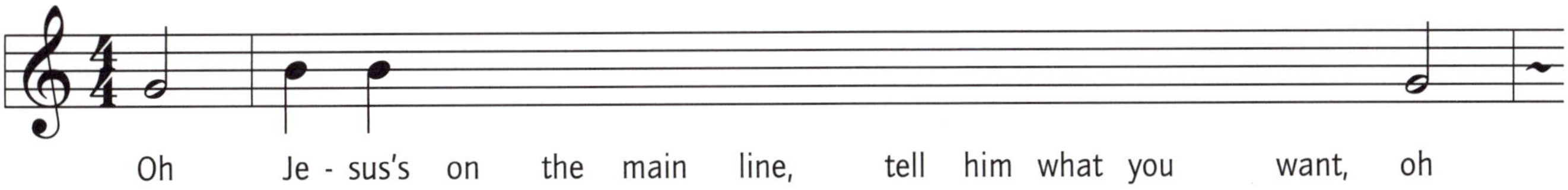


## Aufgabe 4 E

(→ SB, S. 170/171: 2. Tonraum – Stammtöne – Intervalle)

Bestimme, mit welchem Intervall die Gesangsstimme der folgenden Lieder beginnt:

| Lied | Seite im Schulbuch | Grobbestimmung (Stammtöne) | Feinbestimmung (Halbtonschritte) |
|---|---|---|---|
| *Lied der Soldaten* | 32 | | |
| *Arie der Carmen* | 33 | | |
| *Seguidilla* | 37 | | |
| *Abschied vom Walde* | 55 | | |
| *Pick a Bale o' Cotton* | 116 | | |
| *Fine and Mellow* | 117 | | |

## Aufgabe 5

(→ SB, S. 170/171: 2. Tonraum – Stammtöne – Intervalle)

**a)** Notiere die durch die Intervalle angegebenen Töne.

**b)** Spiele die Melodie auf einem Instrument und finde heraus, um welches Stück aus dem Schulbuch es sich handelt.

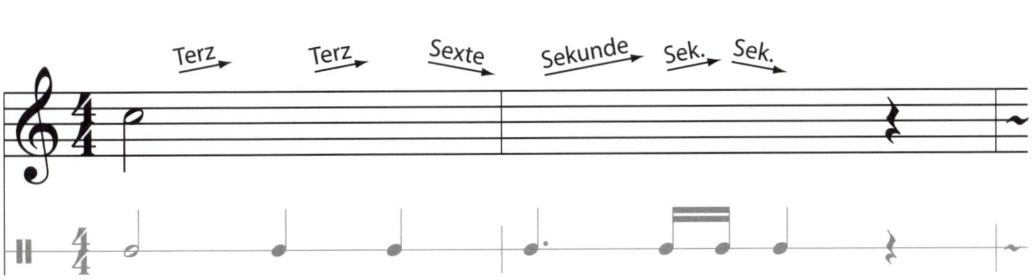


Titel: ______________________________

Komponist: ______________________________

## Aufgabe 6

(→ SB, S. 170/171: 2. Tonraum – Stammtöne – Intervalle)

Ergänze die Takte so, dass über oder unter der angegebenen Note eine übermäßige Sekunde entsteht.

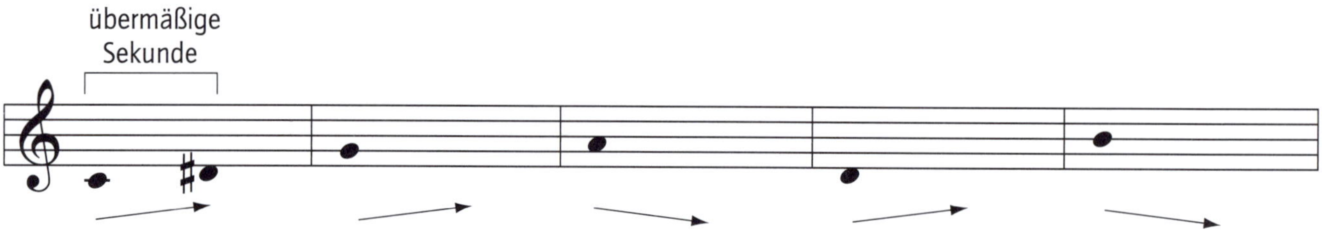


## Aufgabe 7

(→ SB, S. 172: 3. Dynamik, Tempo, Artikulation)

**Gruppenarbeit:** Tragt auf dem Metronom die Bereiche ein, die ihr den angegebenen Tempoangaben zuordnet. Nutzt dazu ein Metronom aus dem Musiksaal bzw. eine entsprechende App und die Beschreibungen der Bezeichnungen im Schulbuch Seite 172.

**[Tipp]** Bewegt euch zum eingestellten Tempo im Raum, um ein Gefühl für die Geschwindigkeit zu bekommen.

*Largo – Andante – Moderato – Allegro – Presto*

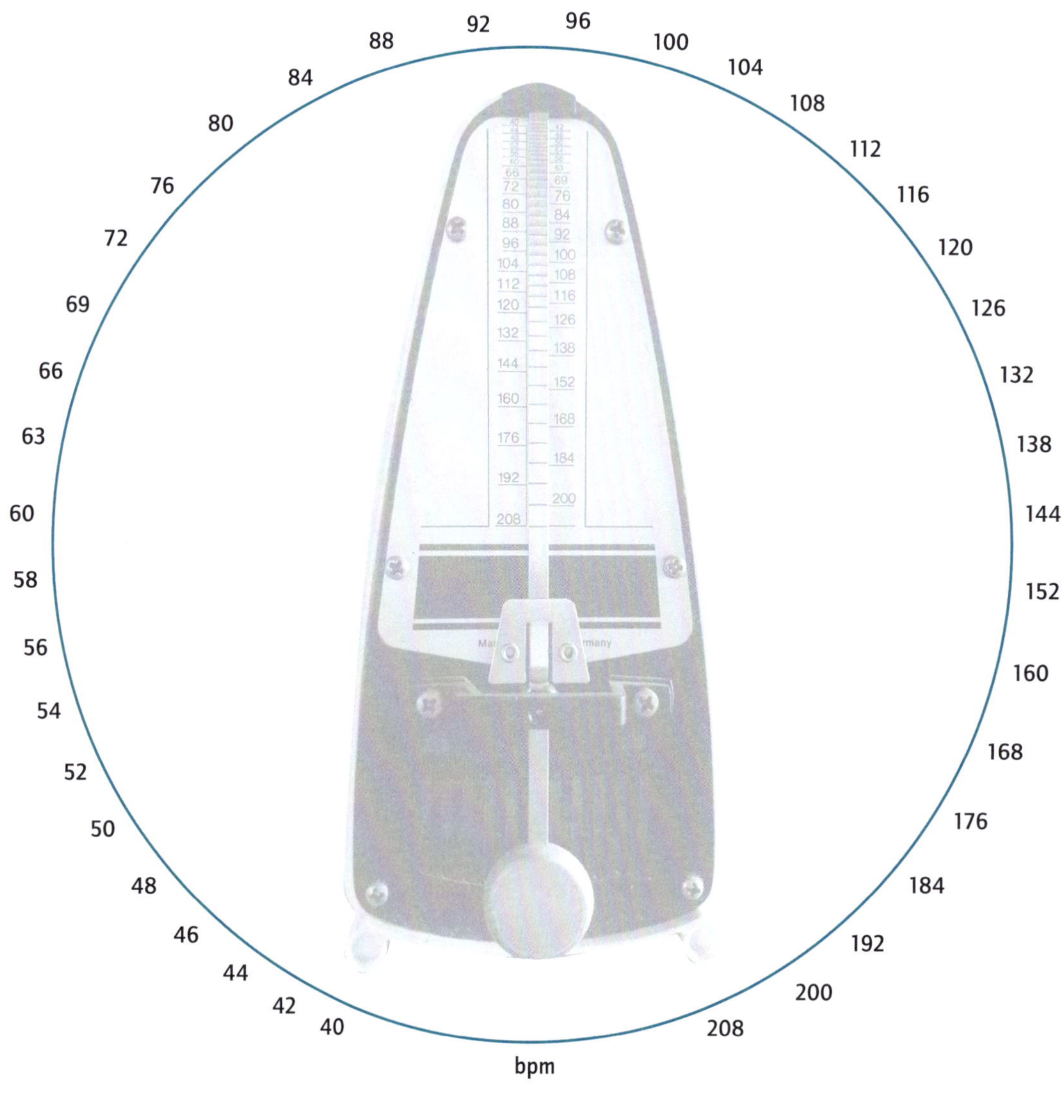

## Aufgabe 8 E

(→ SB, S. 173/174: 4. Skalen)

**a)** Notiere eine Stammtonreihe vom Ton *f'* aus. Markiere die Halbtonschritte, die nötig sind, um eine F-Dur-Tonleiter entstehen zu lassen, und füge die passenden Versetzungszeichen ein.

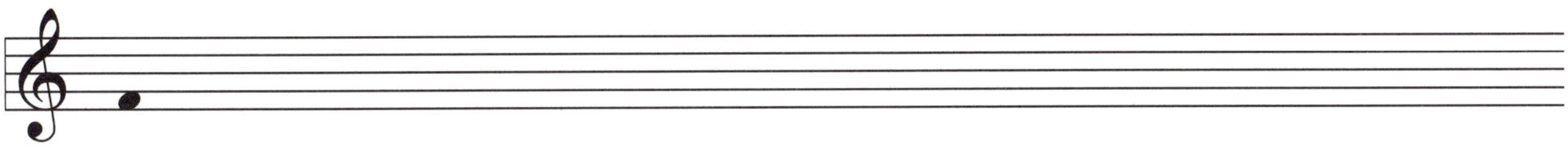

**b)** Notiere die G-Dur- und die D-Dur-Tonleiter.

**G-Dur-Tonleiter:**

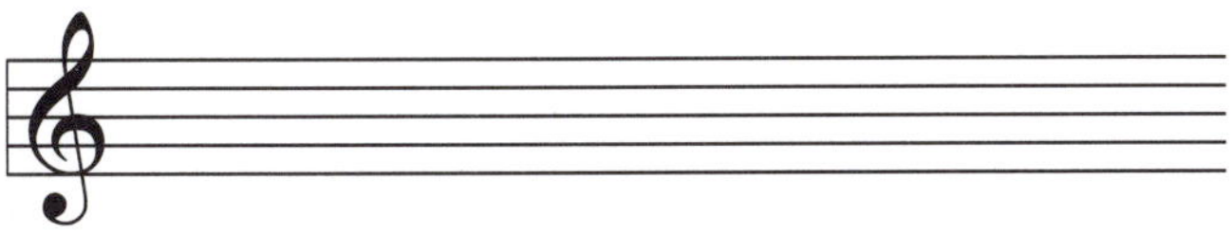

**D-Dur-Tonleiter:**

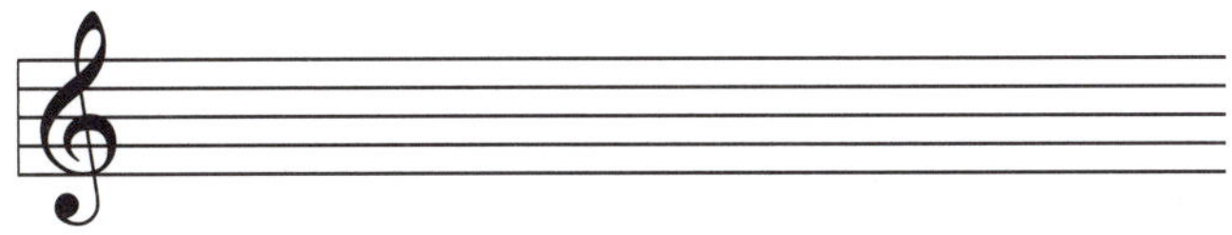

## Aufgabe 9

(→ SB, S. 173/174: 4. Skalen)

**a)** Notiere eine Stammtonreihe vom Ton *d'* aus. Markiere die Halbtonschritte, die nötig sind, um eine d-Moll-Tonleiter entstehen zu lassen, und füge die passenden Versetzungszeichen ein.

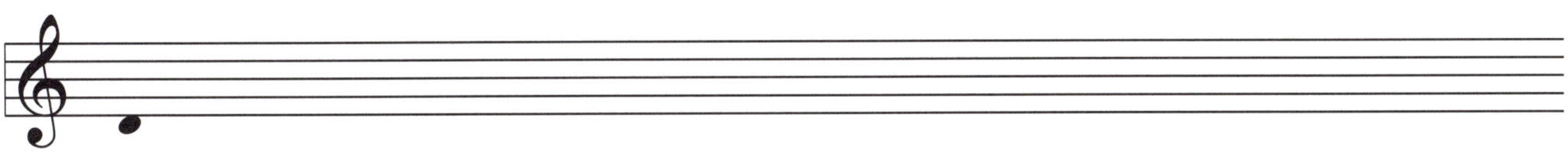

**b)** Notiere die natürliche e-Moll- und die g-Moll-Tonleiter.

**e-Moll-Tonleiter:**

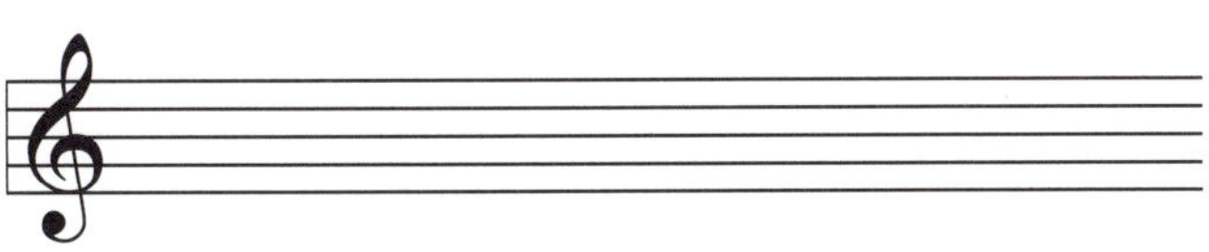

**g-Moll-Tonleiter:**

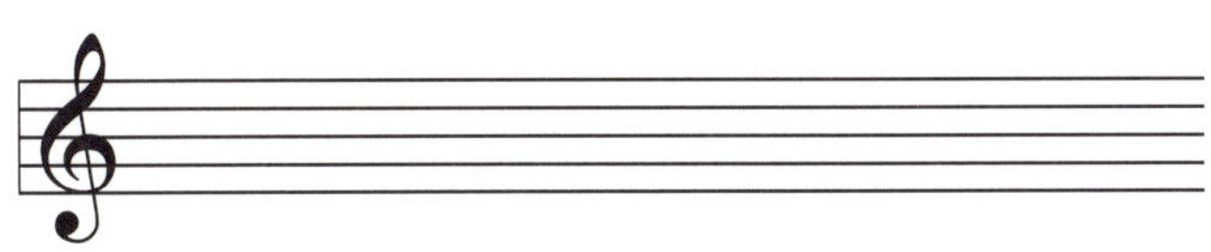

**c)** Schreibe die beiden Tonleitern aus Aufgabe b) als melodische Moll-Tonleitern. Notiere sie auf- und abwärts.

**melodische e-Moll-Tonleiter:**

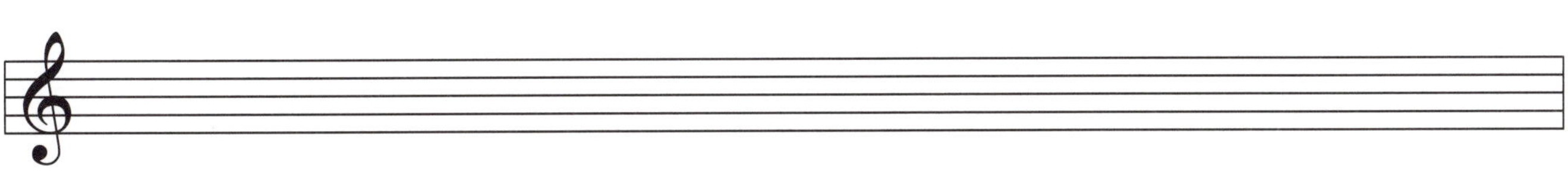

**melodische g-Moll-Tonleiter:**

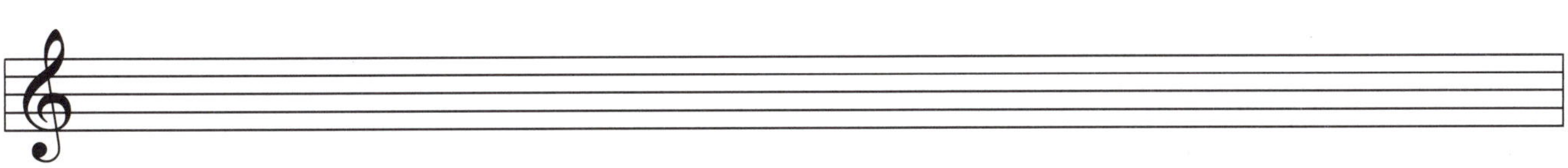

## Aufgabe 10

(→ SB, S. 173/174: 4. Skalen)

Schreibe die Namen der schwarzen Tasten des Klaviers in der Reihenfolge auf, dass sie den gleichen Aufbau haben wie die notierte pentatonische Tonleiter.

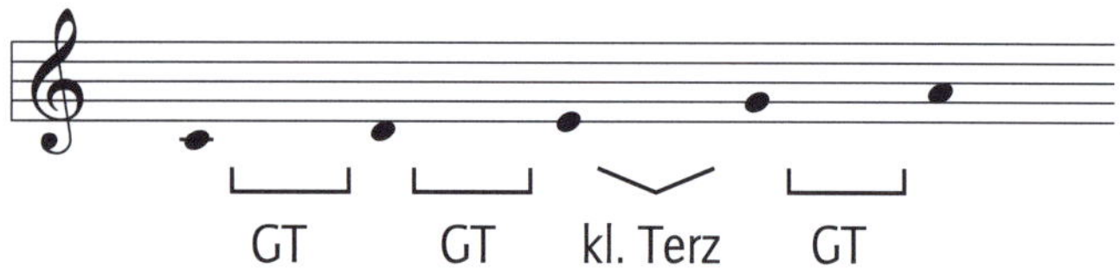


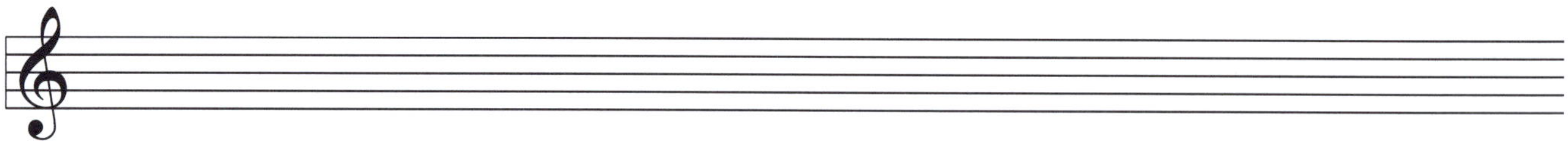

## Aufgabe 11

(→ SB, S. 173/174: 4. Skalen)

Notiere eine chromatische Tonleiter im Bassschlüssel von *c* bis *c'* aufwärts und abwärts. Nutze ♯- und ♭-Vorzeichen geschickt.

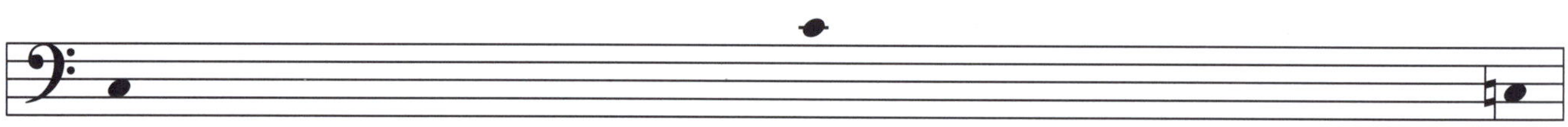

## Aufgabe 12 E

(→ SB, S. 174: 5. Transponieren)

Transponiere den Beginn des Liedes „Happy Birthday" um eine Quinte nach oben. Bestimme dazu zunächst die Intervalle in der vorgegebenen, tiefen Version. Achte beim Transponieren auf die passenden Versetzungs- bzw. Vorzeichen.

**vorgegebene Version:**

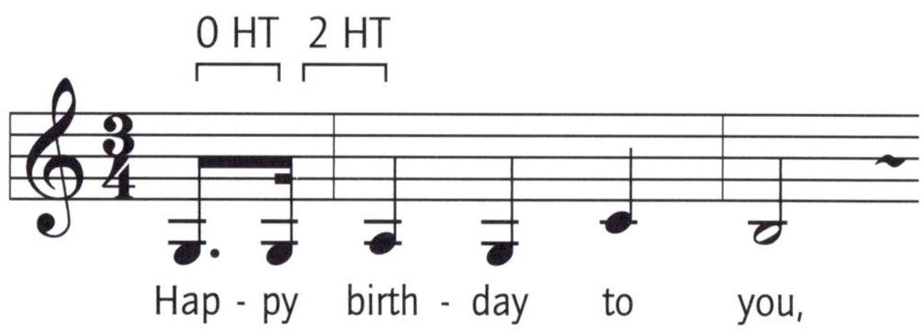


**Transposition:**

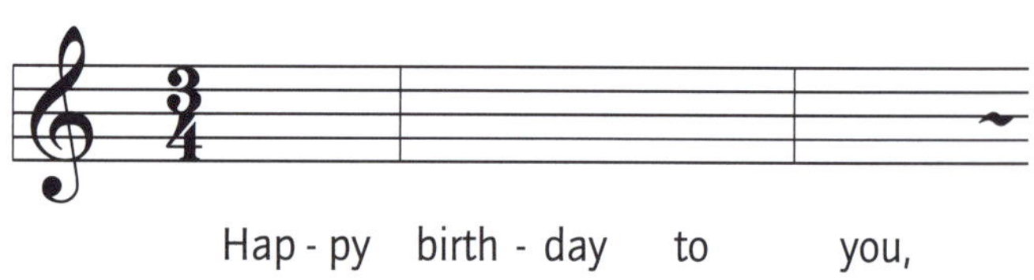


## Aufgabe 13 E

(→ SB, S. 174: 5. Transponieren)

Führe die Transposition der Klarinettenstimme fort.

**Klarinetten in B notiert:**

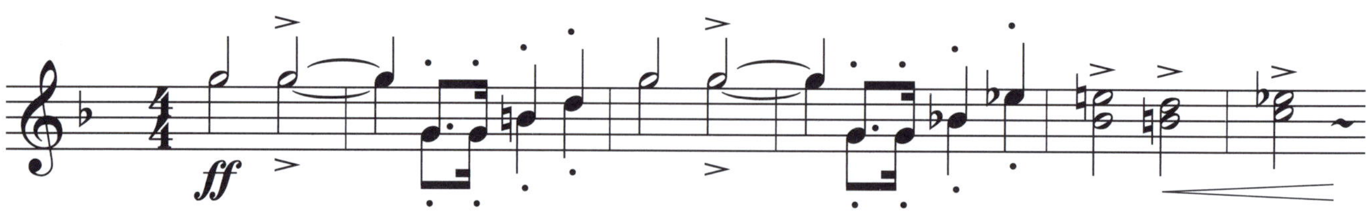


**klingende Notation:**

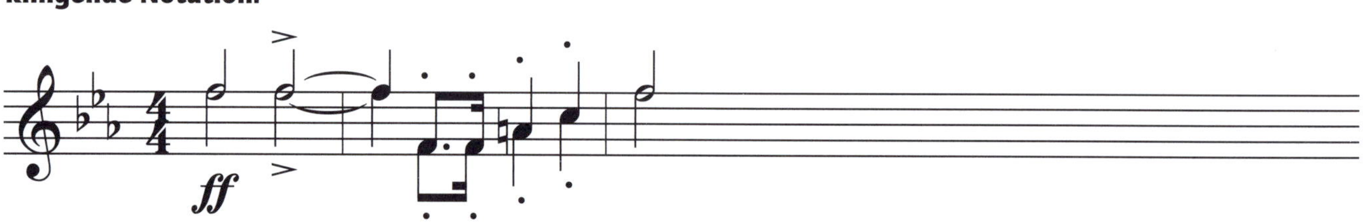

## Aufgabe 14

(→ SB, S. 175: 6. Ordnung der Tonarten: der Quintenzirkel)

Um sich den Aufbau des Quintenzirkels besser einprägen zu können, kann man Merksätze bilden, bei denen die Anfangsbuchstaben der einzelnen Wörter die Reihenfolge der Tonarten im Quintenzirkel ergeben.

**Beispiel für die Dur-Tonarten mit ♯:**

**G**eh, **d**u **a**lter **E**sel, **h**ole **Fis**che! (Tonarten: G – D – A – E – H – Fis)

Erstelle eigene Merksätze für die Dur- bzw. Moll-Tonarten mit ♯ bzw. ♭.

**Dur-Tonarten mit ♯**

*G* ______________________________________________

**Dur-Tonarten mit ♭**

*F* ______________________________________________

**Moll-Tonarten mit ♯**

*E* ______________________________________________

**Moll-Tonarten mit ♭**

*D* ______________________________________________

## Aufgabe 15

(→ SB, S. 176/177: 7. Dreiklänge – Umkehrungen)

Bestimme im folgenden Notenbeispiel die Takte, in denen die Noten einen Dur- bzw. einen Moll-Dreiklang bilden und markiere sie. Benenne die Dreiklänge.

Text und Musik: überliefert

## Aufgabe 16 E

(→ SB, S. 176/177: 7. Dreiklänge – Umkehrungen)

**a)** Bestimme den Dreiklang (Dur oder Moll). Benenne ihn mit Grundton (z. B. C-Dur, gis-Moll).

**b)** Schreibe bei Moll-Dreiklängen den entsprechenden Dur-Dreiklang, bei Dur-Dreiklängen den entsprechenden Moll-Dreiklang daneben. Benenne auch diesen Akkord.

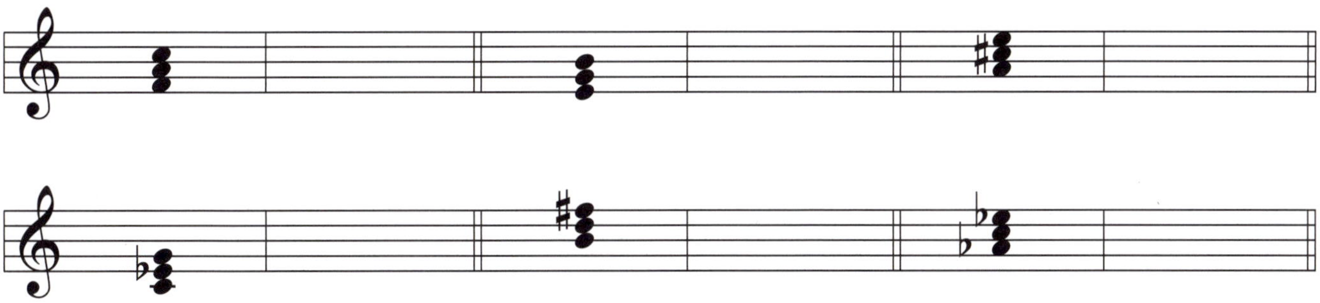

## Aufgabe 17

(➜ SB, S. 176/177: 7. Dreiklänge – Umkehrungen)

Bestimme bei folgenden Dreiklängen, um welche Umkehrung und um welchen Dreiklang es sich handelt. Bringe dazu die Dreiklänge in Terzschichtung.

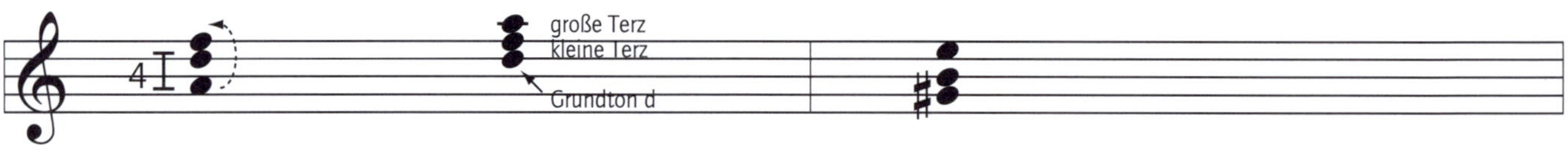


d-Moll, 2. Umkehrung

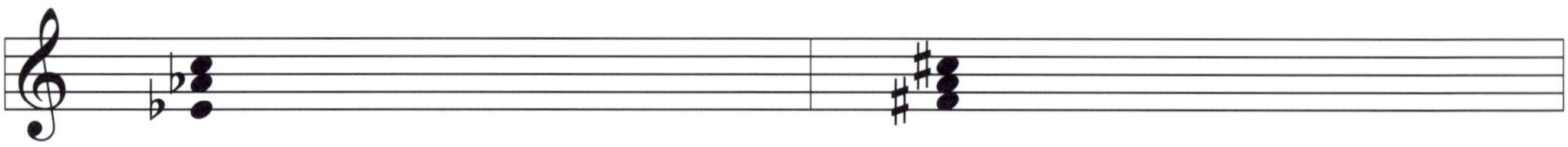

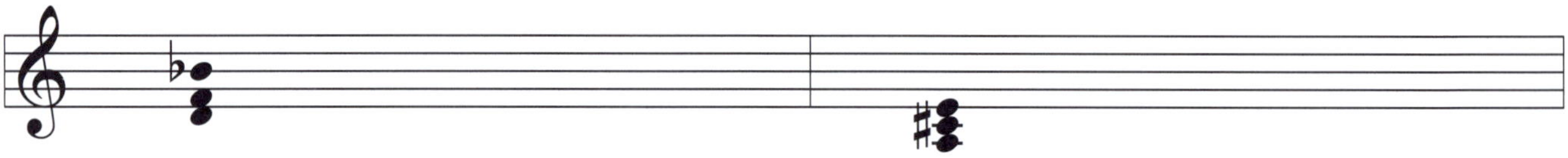

## Aufgabe 18

(➜ SB, S. 176/177: 7. Dreiklänge – Umkehrungen)

Notiere die folgenden Akkorde aus dem Song „Summertime". Gib zusätzlich den Abstand des Tones zum Grundton an (z. B. „3." = Terzton). (Hinweis: Steht bei einem Moll-Akkord eine 6, ist im Jazz die Ergänzung einer großen Sexte gemeint.)

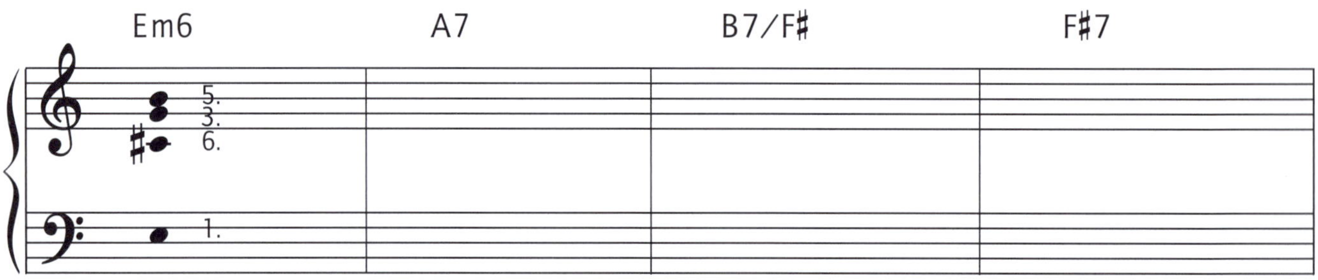


## Aufgabe 19

(➜ SB, S. 177/178: 8. Dreiklangsverbindungen – Kadenzen)

**a)** Notiere mithilfe der vorgegebenen Schritte im Schulbuch Seite 177 eine I-IV-V-I-Kadenz in G-Dur.

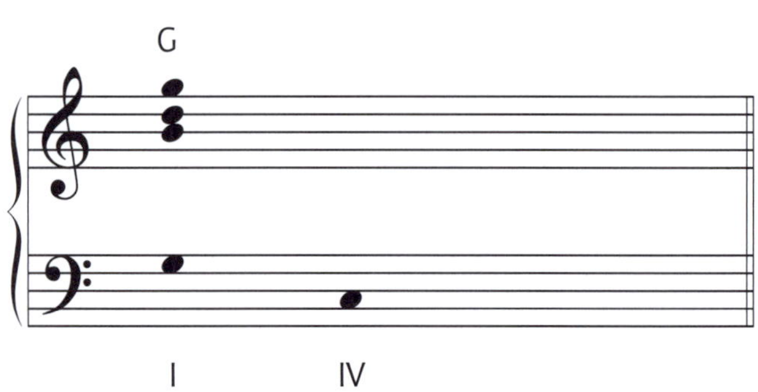

**b)** Schreibe eine I-IV-V-I-Kadenz in d-Moll. Gehe nach den gleichen Schritten wie bei Aufgabe a) vor. Beachte den Dur-Akkord auf der V. Stufe und kurze Wege in den einzelnen Stimmen.

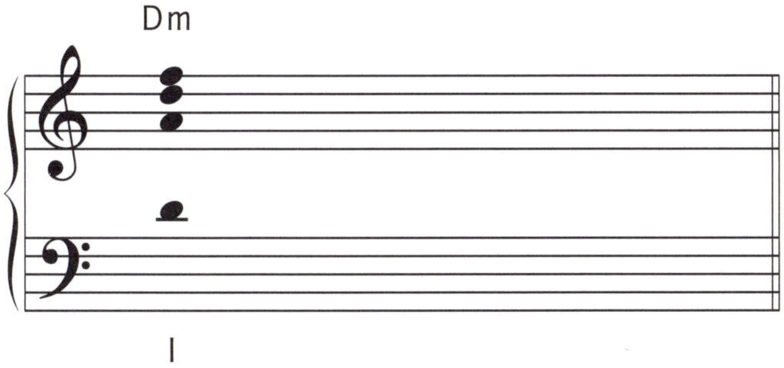


## Aufgabe 20 E

(→ SB, S. 177/178: 8. Dreiklangsverbindungen – Kadenzen)

**a)** Vervollständige die folgenden II-V-I-Kadenzen als dreistimmigen Satz. Gib das Verhältnis der einzelnen Töne zum Grundton an (z. B. g7 = große Septime). Achte auf die Stimmführung.

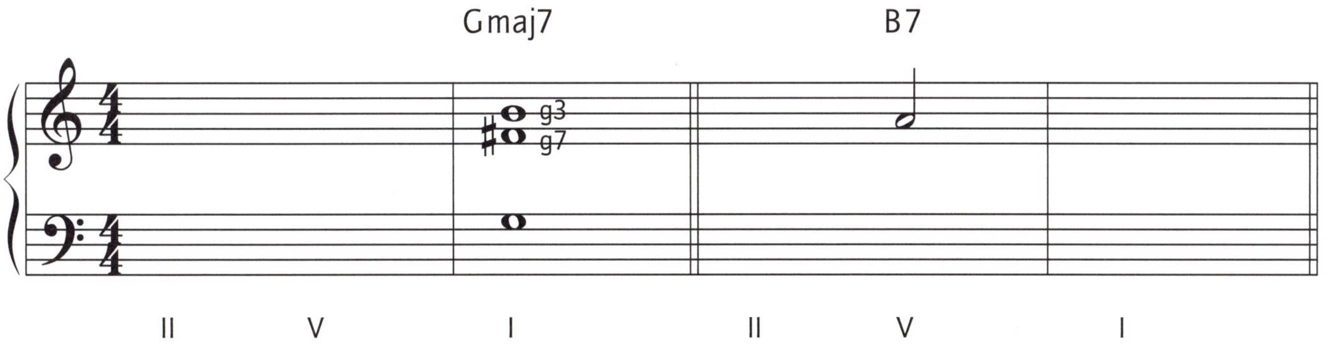


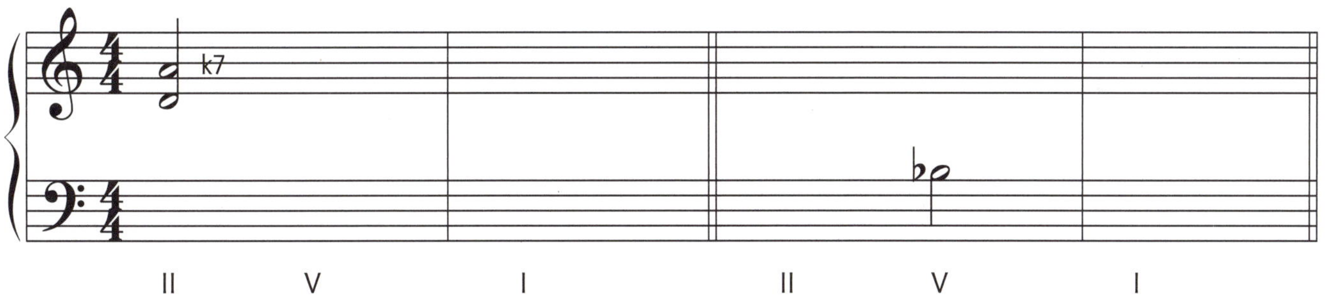


**b)** Spiele die Kadenzen auf einem geeigneten Instrument und überprüfe das Klangergebnis und die Stimmführung.

## Aufgabe 21

(→ SB, S. 178: 9. Lieder begleiten)

Übe den Rhythmus der Songbegleitung und vervollständige die beiden nächsten Takte. Achte darauf, in der rechten Hand die richtigen Umkehrungen zu spielen.

Text: M. Kunze; Musik: U. Jürgens
© BMG

## Stichwortverzeichnis

**Fett** gedruckte Seitenangaben verweisen auf Erklärungen in der Rubrik „Grundwissen".